AF547839

Der Inselgast
Vom Reisen

Auch im chiliverlag erschienen (Auswahl):
Herzschlaf. Gedichte und Kurzprosa, Anthologie
Lichtläufer, Gerwine Ogbuagu, Historischer Roman
Gatti – Katz'n, 21 krasse Katz'nstories, Anthologie
Vom Geschmack der Erinnerung, Eva Masthoff
Zimtrausch, Kaufbaum, Tannenstern, Wolfgang Oppler
Rückrufe, Fritz Deppert, Gedichte
Artenvielfalt. Gedichte für ein besonderes Kind, Franziska Röchter
Möglichkeiten zu trauern, Fritz Deppert

1. Auflage September 2021

franchili / 94

Abbildung Frontcover: Elly de Koster (†), La Mortella
Abbildung Rückseite: Martin R. Baeyens, Sant'Ampelio
Angaben zu den Abbildungen finden sich im Buch S. 108/109
Danke an Esther Ackermann für den akribischen Spürsinn.
Detaillierte bibliographische Daten sind unter http://dnb.ddb.de bei der Deutschen Nationalbibliographie abrufbar.
Printed in Germany

ISBN 978-3-943292-97-8 **www.chiliverlag.de**

Eva Masthoff

Der Inselgast

Vom Reisen

Für H.

Editorial

Eva Masthoff kennt sich aus in der Welt – in manchen Ländern ganz besonders. Die vielgereiste Autorin, die lange Jahre in Großbritannien zuhause war und ein ganz besonderes Faible für Italien und Rom hat, interessiert sich für Menschen, Architekturen, Kunstwerke, kulturelle Besonderheiten und kulinarische Genüsse.

Ihre Geschichten handeln vom Reisen – auch im übertragenen Sinn – und Von Begegnungen unterwegs. Da ist jemand, der sich unbewusst auf seine letzte Reise begibt. Oder ein bronzener Römer in einer kleinen Stadt in Germanien entledigt sich seiner steinernen Fesseln und wagt eine Nachtwanderung. Ein frisch Verliebter steuert mit seiner Liebsten sein Traumhotel an und landet im verregneten Anderswo. Reisestationen sind u.a. Leipzig und London, Genua, Bordighera, Apricale, Ischia und Morella. Dass man in Ligurien auch als Kunst- und Kulturfeinschmecker unterwegs ist, versteht sich von selbst.

Die Geschichten und Episoden von Eva Masthoff bereichern den Horizont und entführen in eine Welt voller Feinsinn, Kultiviertheit und historischem Flair.

Franziska Röchter
im August 2021

1
Der Inselgast

Er hatte sie während der Bahnfahrt angerufen. Es gehe ihm fabelhaft, weshalb er diesmal nicht vorhabe, ein Taxi vom Hauptbahnhof zum Fährhafen zu nehmen. Nein, heute wolle er die paar Kilometer zu Fuß zurücklegen. Sie möge jedoch wie immer ein Taxi zum Inselhafen bestellen, damit er so schnell wie möglich bei ihr sein könnte. Am frühen Abend wäre er endlich bei ihr.

Er freute sich schon auf die wenig mehr als zwei Stunden dauernde Überfahrt. Wie immer würde er die meiste Zeit an der Reling stehen, auf die schlohweißen, das Wasser kräuselnden Gischtwolken schauen und Erinnerung atmen, den Kopf voller Bilder wogender Dünengräser. Und mittendrin sie, mit kindlich ernster Miene flüchtige kleine Liebeserklärungen in den feuchten Sand ritzend, die der Wind oder das Meer bald verwischen würde.

Auch auf dieser Überfahrt würde niemand ein Wort an ihn richten. Er war, was der Brite eine ‚very private person' nennt. Um ihn herum Familien, wuselnde Kinder. Vor lauter Vorfreude würde er sie kaum wahrnehmen, so fasziniert würden seine Augen den vorüber segelnden, aufgebauschten Wolkenbergen folgen. Noch bevor die Fähre den Hafen erreichte, wäre es, als würde sich die vertraute, vom Sand gekörnte Brise wie eine zweite Haut über sein Gesicht spannen, als könne er bereits das beißende Gebräu von Salz und Teer auf den Lippen schmecken. War der Februar auch der kälteste Monat auf der Insel, so sehnte er sich dennoch nach endlos langen Spaziergängen auf festgefrorenem Sand am Südstrand, dem Klirren der Muscheln unter den Füßen. Wieder würden Schwärme von Goldregenpfeifern ihre trüü-Lockrufe dem Meer zuwerfen und der schrille helle Schrei der Möwen ihm wie ein gefiedertes Willkommen entgegen wehen.

Am Hauptbahnhof angekommen, schlug ihm ein harter Wind entgegen. Es dunkelte bereits. Die schwere Reisetasche zerrte an seinem Arm. Er versenkte die freie Hand in der Manteltasche, um sich zu wärmen. Seine Finger schlossen sich fest um das dicke Kuvert. Der Inhalt fühlte sich sperrig an. Er vermeinte sogar ein vages Knirschen zu spüren, was natürlich nur Einbildung sein konnte. Kurz bevor er sich auf den Weg zum Bahnhof machte, hatte der Briefträger ihn noch erwischt. Jetzt verschnürte ihm die Kälte die Lippen, also lächelte er nach innen. Er würde ihre Zeilen später lesen, auf der Fähre, bei einer Tasse

Kaffee. Vielleicht wäre es der letzte Brief an ihn. In wenigen Monaten würde er nach mehr als zwanzig Jahren den Sprung vom Inselgast zum Inselbewohner wagen. ‚Die Möwe Jonathan' hatte ihm Flügel gegeben. *Wir müssen einander mal wieder daraus vorlesen,* dachte er, *ein bisschen Jonathan lebt ja in beiden von uns!*

Der Weg zum Fährhafen dehnte sich wie ein endlos langes Gummiband und begann ihn zu erschöpfen. Die frostklirrende Kälte setzte ihm heftig zu. Er dachte an die zehn Jahre Altersunterschied zwischen ihnen – sie waren nie ein Problem gewesen, weder für sie noch für ihn. Für einen Mann seines Alters fühlte er sich bemerkenswert fit, sowohl körperlich als auch geistig. Er war schlank, sein Haar noch immer von Natur aus dunkel

Nach seiner Emeritierung als Professor war er noch viele Jahre lang nach London geflogen, um dort Doktoranden im Fach Germanistik in regelmäßigen Intervallen zu betreuen. Mit diesem Kapitel würde er in Kürze abschließen. *Ich darf nicht vergessen, meine Wohnung in Knightsbridge rechtzeitig zu kündigen!* Würden seine Schützlinge ihn vermissen? Die Begeisterung über ihre Erfolge und der persönliche, von gegenseitigem Respekt und Wertschätzung geprägte Kontakt, ja, all das würde ihm schon fehlen. Wie es sich wohl anfühlen würde, sein altes Leben für das neue auf Dauer einzutauschen, noch dazu auf einer kleinen Insel? Je mehr er sinnierte, desto bleierner setzte er einen Fuß vor den anderen. Als er nach einer gefühlten Ewigkeit endlich die Abfertigungshalle erreichte, überfiel ihn ein atemraubender, stechender Schmerz im Brustkorb. Wie eine dichte feuchte Wolldecke schlug ihm unerträglich warme Luft entgegen. Durch eine Nebelwand nahm er schemenhaft Gruppen wartender Fahrgäste wahr. So als wären sie mitten in der Bewegung eingefroren, blickten sie ihm aus weit geöffneten Augen starr entgegen. Worauf warten sie, dachte er noch, bevor er taumelnd den Waschraum ansteuerte. Es gelang ihm noch so gerade, sein Jackett aufzuhängen, bevor er sich nach Luft ringend an die Wand lehnte. Der Schmerz hatte ihn mit voller Wucht getroffen. Mit fliegenden Fingern kämpfte er mit seiner Krawatte. Kalter Schweiß glänzte auf seinem Gesicht. Übelkeit kroch in ihm hoch.

Nach seinem Anruf ging sie zurück in die Küche und bereitete seine Lieblingssuppe zu, Senfgurkensuppe mit Nordseekrabben und viel Dill. Und rundete sie mit einem übermütigen Schluck Noilly Prat ab, so übermütig wie ihr in diesem Moment zumute war. Sie blickte aus dem Fenster. Auf dem Dach des Nachbarn gegenüber hatte sich gerade eine kleine Schar Möwen in perfekter Formation niedergelassen, so als warteten sie auf ein geheimes Kommando, um abzuheben. „Die Möwen sehen aus, als ob sie alle Emma hießen …“, zitierte sie aus Kindheitstagen und lächelte, „doch für uns heißen alle Jonathan!“ Der jahrelange Rhythmus von Abfahrt und Ankunft, Abschied und Wiedersehen würde bald Geschichte sein. Den Takt des neuen Lebensrhythmus würden gemeinsame Schritte bestimmen.

Ohne auch nur einen Hauch der tänzerisch anmutenden Leichtigkeit zu Anfang ihrer Begegnung zu verlieren, hatten sie ihre Wochenendliebe gelebt, ein Möwenleben lang! Was aber, wenn die Sesshaftigkeit oder die ungewohnte tägliche Nähe ihn irgendwann beunruhigen würde?

Ob ihr Brief ihn noch rechtzeitig erreicht hatte? Vielleicht liest er ihn in diesem Augenblick? Mit der rechten Hand hatte sie vorgestern die Spitze des Klebestifts leichtfüßig über den Briefbogen tanzen lassen, Buchstabe für Buchstabe eine Spur gelegt für ihre Botschaft, um dann vorsichtig mit der linken Hand weißen, vom Meer feinst gemahlenen Dünensand darüber rieseln zu lassen. Allein das Wort LOVE am Fuße des Briefes trägt Farbe, leicht melancholisches dämmriges Weinrot.

Dann hatte sie noch ein P.S. hinzugefügt: *Ich habe so viel Liebe für Dich, ich könnte ‚unsere' Düne zum Singen bringen und in den Salzwiesen den von uns so geliebten silbrig-grauen Strandwermut mit seinen filigran gefiederten Blättern zum Blühen und Duften – mitten im Februar!*

Dieses Flirren, dieses leise Fließen und sachte Rieseln unterschiedlicher Sande ist es, was den sympathischen, nicht mehr ganz jungen, aber immer noch jungenhaften Künstler in der Wohnung über ihr zu immer neuen, überraschenden Kompositionen inspiriert. „Sand, dieses flüchtige Ur-Etwas, zu bändigen, als Gemälde oder Skulptur zu fixieren, reizt mich von Natur aus", hatte der neue Mieter gesagt. Sand gebe seinen Kompositionen Textur, Tiefe und Seele! Sein Bild ‚Gelebte Gefühle', in dem er positive wie auch negative Emotionen aus dem Alltag versammelte, habe sie als grafische Metapher sowohl für Glück als auch die Zerbrechlichkeit des Glücks gelesen, hatte sie ihm bei seinem Einzug gestanden und es dabei belassen.

Da wusste sie noch nichts von seiner Geschichte hinter dem Bild, nämlich dass es kurz vor dem Autounfall, der ihm den Sohn entriss, in einer Ausstellung gezeigt worden war. „Manchmal kündigt sich ein Unglück an", sagte er. „In meinem Fall mit herzförmigen Steinen, die ich wenige Tage zuvor an einem Strand in der Türkei gefunden hatte."

„In jedem Sandkorn steckt die Geschichte der Erde, steckt eine Erfahrung. Also schreib' Deinen Liebesbrief nicht in den Sand, sondern mit Sand, Sand, der eure Liebe gefühlt hat." „Ganz schön poetisch für einen Ruhrgebietler!", hatte sie geantwortet und war dabei ein wenig rot geworden. Gut gelaunt war sie sofort losgezogen und hatte eine Tüte mit Sand aus ihrer Lieblingsdüne gefüllt. Am nächsten Morgen hatte sie eine kleine Menge abgezweigt, die sie mit dem Blut Roter Bete färbte, um damit schwungvoll das Wort LOVE zu schreiben.

Dem entschlossenen Auf und Ab, dem Hin und Her eiliger Schritte über ihr konnte sie entnehmen, dass ihn mal wieder Myriaden neuer Ideen umtrieben. Morgen würde sie ihn auf ein Glas Wein einladen. Sozusagen als Dankeschön dafür, dass er ihr verraten hatte, wie man mit Sand schreibt. Er würde sich gut verstehen mit ihrem ‚Inselgast'!

Als die Uhr 19 schlug und dieser noch immer nicht aufgetaucht war, verspürte sie eine diffuse Unruhe. Sie öffnete die Tür und hielt nach dem Taxi Ausschau. Sie wählte seine Handynummer ohne Erfolg, wieder und wieder. Als sie erfuhr, dass er sich nicht auf der Fähre befunden hatte, rief sie beide Krankenhäuser auf dem Festland an. Nein, es sei niemand mit dem von ihr genannten Namen eingeliefert worden. Ungewissheit und Angst zerrte an ihren Nerven. Sie erinnerte sich daran, dass die Abfertigungshalle nachts abgeschlossen war. Erst um 5 Uhr morgens würde das Reinigungspersonal wieder aufschließen.

In ihrer Verzweiflung wählte sie die Nummer der Polizei und flehte vergeblich, man möge versuchen, sein Handy zu orten. Jetzt waren alle Möglichkeiten ausgeschöpft! Die ganze Nacht lang spielte sie alle Beweggründe, warum er die Fähre nicht genommen hatte, durch. Gab es einen Grund, warum er mit seinem alten Leben plötzlich doch nicht abschließen konnte, wollte? Glaubte er etwa, in seinem Alter keine neuen Freundschaften schließen zu können? Eher unwahrscheinlich, dachte sie. Er war schließlich nach all den Jahren kein wirklicher Inselgast mehr. Ihr Freundeskreis hatte ihn mit offenen Armen aufgenommen; sein Gesicht passte, nicht nur in die Landschaft!

Dennoch, hätte sie nicht doch vorschlagen sollen, zu ihm aufs Festland zu ziehen? „Meine Insel ist Heimat, ist meine Welt, ist mir Welt genug!“ In diesem Moment jedoch wäre sie bereit, die Nabelschnur zu kappen, wenn er jetzt vor ihr stehen würde.

Wie getrieben, wirft sie im Morgengrauen die erstbeste Jacke über und tritt vor die Tür. Eiseskälte raubt ihr den Atem. Sie fröstelt. Und dann beginnt sie zu zittern, zu flattern, am ganzen Leib, denn wenige Schritte von ihr entfernt, verwebt mit dem Morgennebel, liegt Jonathan, silbrig grau, mit weit ausgebreiteten Schwingen und zur Seite geneigtem Kopf.

2
Yvonne de Galais von Bahnsteig 7

Bahnhöfe: Das lebhafteste und schönste
Schauspiel der Welt. *Robert Walser*

1959. Bahnsteig 7. Warten auf den Zug aus M. Warten auf die erste Liebe. Ich trage einen Teddymantel und kamelfarbene Wildlederpumps, die absolut nicht zum Weiß des Mantels passen. Egal! Die ersten Absätze, und ich komme mir nicht wie fünfzehn vor, sondern schwindelerregend erwachsen. Der Zug hat Verspätung. Ich fröstele. Nicht nur, weil ich mich wie ein hässliches Entlein fühle, viel zu dürr und staksig. Ab und zu knicken meine Fußgelenke um, weil sie so dünn sind. Jedes Mal, wenn ein Zug einfährt, wirbelt er meine lange Mähne durcheinander. Nur der Zug aus M. hat Verspätung! Nervös tippele ich den Bahnsteig auf und ab. Wie sagte Sergio Leone so treffend: „Und wenn er noch so beschissen ist: Mit einem Bahnhof fängt alles an." Dass er Recht hatte, bemerkte ich erst Jahrzehnte später.

Ein gut aussehender *älterer* Mann – er ist etwa dreißig – schlendert immer wieder an mir vorbei und schaut mich fragend an. Mich? Ja, daran besteht beim sechsten Mal kein Zweifel. „Verzeihen Sie", sagt der Fremde, „kennen Sie Alain-Fourniers Roman *Der große Kamerad*? Sie müssen ihn lesen. Sie sind seine Heldin Yvonne de Galais." Und geht weiter, einfach so.

Der Zug aus M. fährt schnaufend ein. Und spuckt den jungen Mann aus, auf den ich gewartet habe, aber die Schmetterlinge im Bauch sind entflogen: Er kommt nämlich nicht allein. Im Café: Die Unterhaltung in Gegenwart seines besten Freundes ist seltsam artifiziell. Am nächsten Tag kaufe ich in der Bahnhofsbuchhandlung als erstes das 1956 veröffentlichte ‚Zauberbuch', schlage zufällig Seite 45 auf. Und lese: „Meaulnes hatte Zeit, unter schwerem blonden Haar ein etwas kleines Gesicht, dessen Züge mit einer fast schmerzlichen Feinheit gezeichnet waren, zu bemerken."

Und ein paar Zeilen zuvor: „Später sah er oft, wenn er einschlief, nach verzweifelten Versuchen, sich das entschwundene schöne Gesicht vorzustellen, im Traum ganze Reihen Frauen an sich vorüberziehen, die jener Frauengestalt glichen. Die eine hat einen Hut wie sie, ihren ein wenig vorgebeugten Gang; eine andere ihren so reinen Blick, wieder eine andere ihre schlanke Gestalt und eine weitere auch ihre blauen Augen; aber keine von diesen Frauen war in allem das junge Mädchen."

Fortan ist dieses Buch auch *mein großer Kamerad*, erzählt der Roman doch in beschwörender Sprache von der Freundschaft zweier Jungen und einer Jugendliebe, eingesponnen zwischen kindlichen Traumfährten und der realen Welt der Heranwachsenden. Über die Jahre wird der schmale Band immer zerfledderter, aber ich halte diesem sanften Märchenbuch, das auch mich verzauberte, die Treue. Dem Fremden von Bahnsteig 7 sei Dank!

3
Begegnung auf der Leipziger Buchmesse

März ***2016***. Wir sind gerade erst eingetroffen. Zielstrebig peilen wir in Halle 5, Stand 6, den chiliverlag an. Um 15.30 Uhr werde ich auf der Insel Junger Verlage zum ersten Mal auf einer öffentlichen Lesebühne stehen und dann noch auf der Leipziger Buchmesse! Was ich lesen werde? Ein Gedicht, damals mein erstes. *Vimy 2014* habe ich es genannt. Es hatte sich wie von selbst geschrieben, noch während des Besuchs am Canadian National Vimy Memorial in Nordfrankreich. Anschließend habe ich es ins Englische und Französische übersetzt, auch für das Publikum in Leipzig.

Am Stand werden wir herzlich begrüßt von der quirligen Franziska Röchter, Inhaberin des chiliverlags, und Ellen, Ehefrau von Autor Marc Mandel. Vorgestellt wird u.a. *Gatti: Katz'n – Krasse Katz'nstories*, frisch aus dem Druck!

Franziska ist nach einem nicht enden wollenden Besucherstrom ziemlich groggy. Sie will auf die Schnelle irgendwo einen guten starken Kaffee auftreiben, verabschiedet sich für ein paar Minuten. Meine Nervosität wächst zunehmend. Noch 67 Minuten, dann bin ich dran! Labor omnia vincit – Arbeit besiegt alles – habe ich mal auf dem Kroch-Hochhaus gelesen. Wird sich zeigen, denke ich und greif mir ein Exemplar von *Gatti*. Schließlich bin ich auch hier, um den Verkauf des neuen Buches zu fördern.

Ein sportlich gekleideter älterer Herr mit freundlich-interessiertem Blick nähert sich. Voll Elan springe ich auf, so gerade noch damenhaft, und frage ihn, ob ich ihm kurz *Gatti* vorstellen darf, krasse und wahnsinnig witzige, amüsante Katz'nstories. Ich darf! „Schauen Sie nur, wie reich illustriert mit Exlibris aus unserer Sammlung sie sind, geschaffen von namhaften Graphikern aus der Deutschen Exlibris-Gesellschaft. Sie kennen doch Exlibris?" Rein zufällig, versteht sich, schlage ich Seite 80 mit meiner Geschichte „Babington's English Tea Rooms" auf. Der Besucher blättert eine Weile, liest hier und da eine Passage an, blättert weiter. Ab und zu schmunzelt er. Im Hintergrund sitzt Ellen. Sie schaut unentwegt auf ihr Smartphone.

Nach einer Weile erkundige ich mich dezent, ob er das Buch erwerben möchte. Er denke darüber nach, sagt er höflich. Er wolle sich jedoch zunächst die ISBN notieren. Gesagt, getan! Als er um die Ecke biegt, Richtung Bertelsmann Verlag, ruft Ellen mich zu sich, zeigt mir ein Foto auf ihrem Smartphone. „Ja, genau! Das ist er! Aber warum trägt er eine Fliege und Smoking", frage ich und komme mir etwas dümmlich vor. „Eben noch trug er eine Sportjacke!" „Ja, erkennst du ihn denn nicht, das eben, das war Denis Scheck, genau d e r Denis Scheck!"

In dem Augenblick kehrt Franziska zum Stand zurück und kann es kaum fassen, wen sie verpasst hat. Lieber hätte sie auf den Kaffee verzichtet. Mit Wonne! Just in diesem Augenblick flaniert eine Gruppe Messebesucher am Stand vorbei, die Papiertragetaschen randvoll gefüllt mit Magazinen und ähnlichem. Und was prangt vorne drauf? Das Konterfei von ...? Sie haben es erraten! Glückwunsch!

Ich gehe um die Ecke, um mich für meinen kurzen Auftritt zu sammeln, zu stählen. Am Stand vom Bertelsmann Verlag ist ein Plätzchen frei. Ich setze mich, schlage die Seite mit meinem Gedicht auf und übe, bewege lesend zwar die Lippen, doch absolut lautlos. Ich weiß nicht, wie es Ihnen geht, aber wenn mich jemand beobachtet, merke ich das sofort, ganz ohne hinzuschauen. Ich blicke auf, und sehe, wenige Schritte von mir entfernt, einen amüsiert lächelnden Denis Scheck.

Da laufe ich rot an und trete die Flucht an.

Die Lesung habe ich dennoch bravourös gemeistert, sagt jedenfalls Franziska, bestätigen auch meine Mitstreiter*innen Esther Ackermann, Kathrin Niemela und Michel Ackermann.

Den wohl großen Applaus habe ich gar nicht wahrgenommen, so aufgeregt war ich!

4

Breslauer Notizen

„Halt an, wo laufst du hin, der Himmel ist in dir:
Suchst du Gott anderswo, du fehlst ihn für und für."
(aus „Cherubinischer Wandersmann")

2010. Auf dem Markt zelebrierte Breslau gerade „Europa auf der Gabel", da wurde uns die Stadt, ihre 1000 Jahre alte Geschichte, Kunst, Kultur und kulinarischen Lokalmatadore in mundgerechten, intensiv schmeckenden Häppchen kredenzt. Ein einzigartiger Gaumen-, Augen- und Ohrenschmaus, Balsam für die Seele, Flügel für den Geist! Nicht im Sauseschritt, sondern mit viel Zeit für aufmerksames Zuhören, Anhalten, Innehalten und Staunen leitete uns unsere Stadtführerin Maria durch die in der

Vergangenheit durch Kriege geschundene, inzwischen vor Leben und Lebensfreude vibrierende und pulsierende Stadt; in schönstem schlesisch gefärbtem Deutsch – „Breslau liegt auf zwölf Inseln, die durch 112 scheene Bricken verbunden sind.“

Reizvolle Eindrücke und Ausblicke für den besseren Durchblick wurden uns auch auf der Fahrt zu unserem Hotel gewährt: schroffe Kontraste zwischen Arm und Reich, Plattenbauten, Spuren der Blessuren vom letzten Krieg, gemildert durch das leuchtende Grün mächtiger alter Bäume, üppig blühende Rhododendren. Maria wies hin auf die „Kathedrale der Hl. Limousine“ – sprich Parkhaus –, die Wohnungen der Dozenten der Universität, auf die nach einem Entwurf von Carl Ferdinand Langhans 1841 erbaute, 2006 nach zehn Jahren Modernisierung wiedereröffnete Oper, das authentisch restaurierte Renoma, ehemaliges Kaufhaus Wertheim aus den 30er Jahren, das 1927/28 von Erich Mendelsohn entworfene Kaufhaus Petersdorff sowie auf die von dem Architekten Langhans entworfene Synagoge. Übrigens, bis in die 30er Jahre lebten 25.000 Juden* in der Stadt.

Nach einer kurzen Ruhepause im Hotel Monopol ging es zu der von Max Berg entworfenen Jahrhunderthalle, eine geniale Ingenieurleistung der damaligen Zeit, die am 13. Juli 2006 in die Liste des UNESCO-Weltkulturerbes aufgenommen wurde.

Obwohl sie an jenem Tag geschlossen hatte, öffnete sie eigens für uns ihre Tore. Erbaut wurde sie für die Jahrhundertfeier von 1913, um an den Aufruf zu erinnern, mit dem sich der preußische König Friedrich Wilhelm III. am 17. März 1813 in Breslau an sein Volk wandte; damit bat er um Unterstützung für den Kampf gegen Napoleon. Der eindrucksvolle Vier-Kuppel-Pavillon und die schöne Pergola von Hans Poelzig entstanden im selben Jahr.

An die Besichtigung schloss sich ein Festessen im Wasserturm an, wo man auch sehr Traditionelles wie die mit Bier verfeinerte schlesische Sauermehlsuppe (Zurek) servierte, deren Basis aus mit Wasser vergorenem Schrotmehl und etwas Sauerteig besteht.

Hatte uns Breslau bei unserer Ankunft am Flughafen noch mit bedecktem Himmel empfangen, so kam ein großer Regenschirm am Samstag doch noch zum Tragen – als Sonnenschirm unter einem wolkenlosen, azurblauen Himmel. Das legendäre, vor zwei Jahren in großem Stil renovierte und restaurierte neobarocke, 1892 erbaute Monopol Hotel, in dem Picasso 1948 anlässlich des Friedenskongresses der Intellektuellen spontan seine inzwischen weltbekannte Friedenstaube als Emblem zeichnete, wo auch schon Marlene Dietrich und Helmut Kohl nächtigten, war einst Edelherberge für Staatsmänner, Diplomaten und Künstler. 1964 verewigte es ein berühmter Sohn der Stadt, nämlich der Schriftsteller Walter Meckauer, in seiner Erzählung „Der Fahrstuhl im Hotel Monopol". Wer in dieser Hotellegende einmal Oderkrebse genossen hat, wird sich auch zig Jahre danach noch daran erinnern. Nicht nur eine Stadt, sondern auch ein Hotel befindet sich im Wandel, ist doch nichts beständiger als der Wandel.

Die Schönheit der hohen Decken und Säulen sind zwar geblieben. Jetzt aber atmet das Hotel den Geist der neuen Zeit. Bunter schlesischer Granit, vielseitig eingesetzt, die großzügige verglaste Terrasse, das luxuriöse Wellness & Spa Center und die innovativen, individuell eingerichteten Badezimmer begeisterten und bezauberten.

Immer da, irgendwie nah, aber stets im Hintergrund, waren die guten Geister unserer Entdeckungsreise: Jurek und seine Frau Alina, die vor Ort die organisatorischen Räder bestens geölt hatten: von der Auswahl der Highlights, der Ausstattung mit Audioguides bis hin zum Komponieren der Menüs im Wasserturm, Hotel Radisson und Restaurant Spiz. Jedes Ma(h)l eine gelungene Mélange aus Traditions- und Fusions-Küche!

Der kecke, orangefarbene Hut Marias war unser Leitstern zu den zahlreichen faszinierenden architektonischen, kulturellen und historischen Highlights der Stadt Wrocław (Breslau), wobei das „ł" ähnlich wie das englische „w" ausgesprochen wird. Amüsante Wegzeichen waren die vielen großen und kleinen bronzenen Zwerge Breslaus, 123 an der Zahl, die alle einen Stammvater haben, Papa Krasnal, der in der Swidnicka Straße zuhause ist. Sie erinnern an die Zeit der Untergrundbewegung mit ihrem friedlichen „Zwergenaufstand".

Unterwegs, auf den Spuren der Zwerge wandelnd, kreuzten diese oft unverhofft unseren Weg, wie etwa der kleine politische Wicht, der mit seiner Hand eine Tomate umklammert. Just an jener

Kreuzung, an welcher sich Anfang der 80er Jahre als Zwerge verkleidete Studenten sammelten, um sich an der Solidarnosc-Bewegung zu beteiligen, nach dem Motto der Orange Alternative: „Zwerge aller Länder vereinigt euch!“ Mit Humor gegen Gewalt! Heute sind sie wirksame Werbeträger der Stadt Breslau. Beispiel: die große Kugel aus Katzbach-Basalt und rotem schlesischen Granit, die von einem kleinen Wicht angeschoben und von dem Zwerg vor der Kugel gebremst wird. Wie im wirklichen Leben – einer arbeitet und einer bremst!

Zum Schmunzeln ist auch der in einer Nische in der Wand des alten Gefängnisses angekettete kleine bronzene Wicht. Mit ihren sensibel gewählten Standorten markieren die Zwerge einen wichtigen Bezugspunkt, im historischen wie auch im städtebaulichen Bereich.

Auffallend viele Plastiken waren mit Schmetterlingen geschmückt. Die Hoffnung, dass Breslau bald Kulturhauptstadt Europas würde, trugen sie auf ihren Flügeln.

Der Altstadtrundgang führte über den Marktplatz mit seinem spätgotischen Rathaus (das wichtigste Wahrzeichen der Stadt) und schmucken Bürgerhäusern zur Universität, zur gotischen Kirche „Maria auf dem Sande" auf der Sandinsel und zur alten Markthalle unweit der Sandbrücke, die für uns Frauen ein köstliches, nach Erdbeeren und Maronen duftendes Erlebnis war, bevor es weiter ging zum größten Bild der Welt, dem Panorama von Raclawice, das tief berührte. Der dreidimensionale Vordergrund vertiefte die bestürzende Illusion, Teil der blutigen, legendären, für den Betrachter glücklicherweise gefahrlosen Schlacht bei Raclawice im Jahr 1794 zu sein, aus der die polnische Armee als Sieger über die russische hervorging, dank der großartigen Führung des polnischen Generals und amerikanischen Freiheitskämpfers Tadeusz Kosciuszko. Im Rahmen des polnischen Aufstands war es letztendlich nur ein Etappensieg, denn kurz darauf verschwand Polen für 123 Jahre von der europäischen Landkarte. Das jahrzehntelang in Lemberg ausgestellte Panoramabild, das 360° abdeckt, wurde dort von dem Lemberger Maler Jan Styka (1858-1925) zusammen mit dem Schlachtenmaler Wojciech Kossak (1857-1942) und sieben weiteren Künstlern geschaffen. Bis 1985 verbot es die Staatsraison, dieses symbolträchtige, emotionsgeladene und vor allem anti-russische Rundbild auszustellen, das 1894 in Lemberg nach gerade mal neun Monaten Arbeit vollendet wurde.

Es war uns ein besonderes Herzensanliegen, das Barockgebäude der Universität aus dem 18. Jahrhundert mit seiner berühmten Aula Leopoldina zu besuchen; hier studierte u.a. Josef Eichendorff. Das Grab der Eltern von Edith Stein, die hier von 1911 bis 1913 Geisteswissenschaften studierte und 1942 nach Auschwitz deportiert wurde, ist auf dem Jüdischen Friedhof an der Lohestraße zu finden.

Die Johannes Brahms 1879 in der Leopoldina verliehene Ehrendoktorwürde hatte den Komponisten zu einem musikalischen Dank an die Universität inspiriert, nämlich der Akademischen Festouvertüre. Im Maestoso-Finale variiert er das alte Lied „Gaudeamus igitur“, das bis zum heutigen Tage als Studentenhymne schlechthin gilt. An jedem 1. Oktober beginnt mit dieser Ouvertüre die Auftaktfeier des akademischen Jahres.

Das ehemalige Jesuitenkolleg sowie das Hauptgebäude der Universität sind noch heute Stätte traditionellen Studentenlebens und akademischer Feiern. Es spricht für die Stadt, dass sie ihr kostbarstes Gut, nämlich die Bücher in der Uni-Bibliothek, vor der befürchteten Oderflut durch Sandsäcke bestens schützt.

Der 1904 von Hugo Lederer geschaffenen Bronzeplastik „Der nackte Fechter“ auf dem Universitätsplatz ziehen Studenten einmal im Jahr, nämlich während der Juvenalien, eine Hose an. Man erzählt sich, Lederer sei als Student betrunken gemacht worden und habe beim anschließenden Kartenspiel seine gesamte Kleidung verloren, sodass ihm nur noch sein Florett (oder war es eine Berliner Glocke?) geblieben sei.

Der Johannes dem Täufer geweihte Dom ist trotz seines Reichtums an Kunstschätzen kein Museum, sondern ein lebendiger kirchlicher Mittelpunkt. Unser letztes „Abendmahl“ genossen wir in der beliebtesten Kneipe von Breslau, dem Spiz (Speicher). Ouvertüre dieser kulinarisch-deftigen Operette war eine Scheibe Rinderroulade in Aspik, gefolgt von einer köstlichen Suppe mit dem „Fleisch des Waldes“ im Brotnest (Champignons und Maronen, die wir schon in der Markthalle bestaunt hatten). Die Haupthandlung? Eine typisch schlesische Schlachttafel, serviert in Bunzlauer-Keramikschüsseln. Genüsslich vertilgten wir drei, wenn auch schlanke Blutwürste! Somit wurde gekonnt über Speis und

Trank ein wahres Fest der Sinne evoziert, das uns schnurstracks ins „schlesische Himmelreich" führte. Mit jedem Bier wurde die Unterhaltung fließender, flüssiger. Kleine Anmerkung: Das würzige Spiz aus der hauseigenen und ersten Minibrauerei Breslaus ist übrigens das einzige vor Ort gebraute Bier.

Während zahlreiche Gäste den Abend unter dem Sternenhimmel auf der Dachterrasse des Hotels Monopol ausklingen ließen, zog es uns in die Unterwelt, sprich Schweidnitzer Keller, ebenfalls in der Altstadt. „Wer dort nicht war, war eben nicht in Breslau!" Goethe und Chopin waren dort und zechten wie wir unter gotischem Kreuzrippengewölbe. Am nächsten Morgen hieß es Abschied nehmen. Und wir nehmen uns fest vor, bald wiederzukommen. Die Suite 113 im Monopol ist ein heißer Tip! Darin nächtigten nämlich Marlene Dietrich und Pablo Picasso, allerdings nicht im selben Jahr und schon gar nicht gleichzeitig!

**Zu den Juden in Breslau zählte auch die Familie Lasker: Dr. jur. Alfons Lasker, Rechtsanwalt und Notar, und seine Frau Edith. Das Paar hatte 3 Töchter: Renate, Anita und Marianne. Zusammen mit der Großmutter Flora Lasker wurde das Paar deportiert und ermordet. Die Schwestern Renate und Anita durchlebten die Hölle verschiedener Konzentrationslager. Anitas musikalische Begabung „gestattete" ihr die aktive Teilnahme am sogenannten Mädchenorchester.*

Anita Lasker-Wallfisch hat ihre traumatische Vergangenheit in einem Buch verarbeitet: „Ihr sollt die

Wahrheit erben: Die Cellistin von Auschwitz". Sie lebt in London.

Marianne, die mit ihrem Mann Albin Rolf Adlerstein nach Israel emigriert war, starb kurz nach der Geburt ihres Sohnes Amir, der dort als Zimmermann lebt. Renate († Januar 2021) lebte ab 1982 bis zum Tod ihres Mannes, dem Journalisten und Schriftsteller Klaus Harpprecht († September 2016), mit ihm in La Croix Valmer in Südfrankreich. Am 27. Januar 2002, dem Jahrestag der Befreiung des KZ Auschwitz, hielt die Journalistin eine Rede im Saarländischen Rundfunk: Was uns rettet, ist die Liebe zum Leben.

5
Begegnung in London

2020. Was verbindet Kortenkamp (1869), Halterns älteste Buchhandlung am (Markt)Platz, mit Hatchards (1797), Londons ältester und nach der Cambridge University Press zweitältester Buchhandlung des Vereinigten Königreiches? Die Faszination für alles aus der Feder von Jeffrey Archer, Bestsellerautor, Politiker (MP 1969-1974) und seit 1992 Mitglied im House of Lords!

Dass der weltläufige Autor selbst im kleinen Haltern am See eine veritable und treue Leserschar hinter sich versammelt, teilte sich mir jüngst ganz ohne Worte mit. Kortenkamps Schaufenster mit Blick auf den Markt waren ausschließlich Jeffrey Archers umfangreichem Oeuvre gewidmet. Insbesondere das fesselnde Familienepos ‚Die Clifton-Saga' ist dort noch immer der Renner. Vor vier Jahren wurden immerhin 87 Exemplare davon verkauft, erfahre ich von der Buchhändlerin meines Vertrauens. Nicht schlecht für eine Kleinstadt, oder? In dem Augenblick fiel bei mir der Penny. Steht nicht in meinem Bücherregal sogar eine Erstausgabe in englischer Sprache von „Only Time will Tell"? Wie es dazu kam?

Der reine Zufall hatte uns 2011 zu dem Hoflieferanten des englischen Königshauses gelenkt. Innerlich auf Zehenspitzen spazierten wir durch Londons Büchertempel und landeten schließlich in einem kleinen Raum, dominiert von einem großen Schreibtisch, auf dem sich Riesenstapel von Büchern türmten. Dahinter saß er nun, diese schillernde Persönlichkeit, diese quicklebendige britische Legende, seine vielen Lachfältchen voll im Einsatz, souverän und erwartungsvoll uns entgegen blickend. Ein einziger Wimpernschlag und ihm war klar gewesen, man hatte ihn erkannt! Unsere Mimik hatte uns verraten! Einen weiteren Wimpernschlag später begrüßte er uns wie lang verloren geglaubte Freunde. Ohne es zu wissen, waren wir in Jeffrey Archers Autogrammstunde hereingeplatzt. Natürlich ließ er nichts unversucht, um uns für seinen neuen, druckfrischen Roman zu interessieren. Einwände wie „Bin ich nicht zu alt, um dicke Bücher zu lesen?" und „Wer sagt mir, dass ein Roman aus der Feder eines ehemaligen Politikers meinem Wahlverhalten nicht eine ganz andere Wende geben würde?"

So ging das eine Weile hin und her, doch er lachte nur und konterte blitzgescheit. Habe ich schon seinen umwerfenden Charme erwähnt? Jedenfalls hielt ich, stolz wie Oskar, wenig später ‚Only Time will Tell' (deutscher Titel ‚Spiel der Zeit') unter den Arm geklemmt, jedoch nicht bevor er den *Number One Bestseller* mit schwungvoller Hand signiert hatte, Widmung inklusive. Wir verabschiedeten uns, wünschten ihm viel Erfolg. Die Verkäuferin, die uns beim Verlassen die Tür öffnete, lächelte charmant. Komplizenhaft raunte sie uns zu: „Übrigens, wir alle hier bei Hatchards schätzen Jeffrey seit vielen Jahren, auch als guten Freund! Viele Male hat er hier mit Lesungen seine treue Fangemeinde in Atem gehalten. Welch ein Glück, dass der Zufall Sie heute zu uns führte, mitten in seine Autogrammstunde hinein! Das Buch wird Ihnen gefallen!"

P.S. Übrigens, die weiße Tragetasche mit dem markanten Hatchards-Schriftzug ist mir kürzlich abhanden gekommen. Leider!

6
Das Wunder von Marl

Kommen wir an dem Gelände Lipper Weg 4 in Marl-Hüls vorbei, wo Ende der 80er Jahre im Loe-Theater, neben der Essener Lichtburg im Ruhrgebiet das letzte Kino im Stil der 50er Jahre, der letzte Vorhang fiel, werden wir immer ein wenig sentimental. Seit dem Abriss im Oktober 2004 hat man freien Blick auf den Rücken des Hauses Hülsstraße 20. Wer erinnert sich wohl noch an den großen Garten des vorletzten Eigentümers, an welchen sich dessen florierende Gastwirtschaft ‚Deutsches Haus' mit Kegelbahn, einigen möblierten Zimmern und einem kleinen Kinosaal namens Deli anschloss?

Im August 2005 wurden wir ziemlich schrill an ihn erinnert. Kann ein Telefon ungeduldig klingeln? Es kann! Ein Anruf aus Marl-Hüls. Wunder, oh Wunder, das nach dem Abriss im Oktober 2004 brach liegende Kinogrundstück habe sich über Nacht in ein Meer rosaroter und gelblich-grüner Glockenblüten verwandelt. In dem Moment dachte wohl kein Marler mehr an den großen Garten von damals. Soweit das Auge reichte, nickte eine üppige Tabakblütenpracht an jenem lauen Sommermorgen vor sich hin. So viel Publikum hatte sich versammelt wie früher nur vor Filmpremieren im Loe-Theater, wenn Stars wie Caterina Valente oder Hardy Krüger vorfuhren. Umgehend hatte man die Landwirtschaftskammer NRW kontaktiert, um die nicht nur farblich unterschiedlichen Pflanzen begutachten zu lassen. Aus Münster reiste alsbald ein Spezialist für alte Sorten, begleitet von einem Fernsehteam des WDR Dortmund, an. Mit so viel Aufmerksamkeit hatte niemand gerechnet. Keiner der Passanten hatte auch nur einen blauen Dunst, wer diese gesät hatte, doch den Wunsch zu ernten konnte man in ihren Augen deutlich lesen.

Das war schon starker Tobak! Stundenlang wurde der Enkel inmitten der Plantage gefilmt, von vorne, von hinten, über zarte Blüten und klebrig haarige Blätter geneigt, gedankenvoll die Stirn runzelnd, sich erinnernd, dass auf dem Dachboden im Haus seines Großvaters Fäden gespannt waren, an denen Girlanden altersschwacher getrockneter Blätter baumelten, noch Jahre nach dessen Tod. Die Samen waren Raritäten, wahre Dornröschen! Erstaunlich, wenn man bedenkt, dass der Garten schon 1952 dem Bau des Loe-Theaters weichen musste. „Ein kleines Wunder, aber nicht unmöglich“, war die Meinung der Experten. Aus Beständen vor dem Bau hatten Nicotiana rustica (Bauerntabak) und Nicotiana tabacum (Virginia Tabak) ihre Samen an den Boden abgegeben und mehr als 50 Jahre fest verschlossen und tief im Boden geschlummert, um ein Jahr nach dem Abriss des Kinos ihr großes Comeback zu feiern. Bedeutete dies etwa Vorhang auf für Großvaters MARLboro-Tabak?

Der Enkel, von Beruf Jurist, fragte sich scherzhaft: Sollte er die Paragraphen an den Nagel hängen und Plantagenbesitzer werden, etwa Großvaters Hang zum starken Tobak zum Beruf machen? Allesamt Pfeifenträume, nichts als blauer Dunst, denn es kam wie im Film ‚Sie tanzte nur einen Sommer'. Die uralten Samen hatten ihre Kraft noch einmal üppig verschwendet, um anschließend sang- und klanglos von der Bildfläche zu verschwinden, diesmal für immer.

P.S. Tabakpflanzen waren anno Tobak nicht nur Zierpflanzen, sondern vornehmlich Nutzpflanzen, deren Blätter dazu bestimmt waren, in möglichst angenehmem Rauch aufzusteigen. Dieser Leidenschaft gab sich der Großvater willig hin. Gern hat er sich mit seiner Maria in der Laube des großen Gartens nach einem arbeitsreichen Tag entspannt, wobei er genüsslich eine von eigener Hand gedrehte Zigarre schmauchte. Sie unterstrich, dass er Stil, Eleganz und

Erfolg hatte. Leider hat sein Enkel den tatkräftigen Großvater nie kennengelernt. Der Tabakanbau sei jedoch fortgeführt worden, bis zur Errichtung des Loe-Theaters.

7
Kleiner Römer

Elia, 6 Jahre jung, ist aus Rom angereist. Er freut sich, wieder zu Besuch bei seinen deutschen Großeltern zu sein. Sein Papa stammt zwar aus Sizilien, doch Elia ist hellblond und geht mit seinen blauen Augen glatt als Deutscher durch. Nomen est omen: Elias' Nachname ist Biondo, was so viel bedeutet wie Blonder. Im östlichen Teil von Sizilien, der von der griechisch-normannischen Epoche geprägt wurde, soll es ja noch viele blonde Sizilianer mit blauen oder gar grünen Augen geben.

Munter und bereits recht passabel kann Elia Deutsch parlieren.

„Deutsche Fliegen, sind die gefährlicher als die bei uns, nonna?"

Oma versucht, den kleinen Angsthasen zu beruhigen.

„Und wenn schon", so Elia forsch, „niente paura! – keine Angst! Ich werde dich und „nonno" beschützen.

Dann nehme ich einfach mein großes Schwert, und dann – mit aller Macht – schlage ich der bösen Fliege den Kopf ab!“ Bzzzzzz ...! – macht es plötzlich. Ein markerschütternder Schrei, und Elia macht Fliege – unter den nächsten Tisch!

Am nächsten Morgen fragt Oma: „Na, Elia, hast du von der bösen Fliege geträumt?“ Elia beginnt zu erzählen von seinem Traum, in dem er ‚nonna‘ auf höchst dramatische Weise vor einem schlimmen Tod bewahrt habe. Die Liste der heroischen Rettungsmanöver wird immer länger, zunehmend abenteuerlicher. Oma: „Du flunkerst, Elia, stimmt's?“ „Si, si! War alles nur Finte“, piepst Elia mit weltmännischer Geste.

Ein Jahr später! Oma erhält einen Anruf von ihrer Tochter Eva. Diese ist Lehrerin an der Deutschen Schule in Rom, der Scuola Germanica di Roma, die Elia besucht. Sie habe soeben ein Erlebnis der besonderen Art gehabt. In der Pause habe eine ihrer Kolleginnen sich diskret erkundigt, ob bei ihr zuhause alles in Ordnung sei. Sie habe ihre Schüler nämlich gefragt, wohin sie im Sommer gereist seien. Elia habe lebhaft berichtet, dass er mit Papa Antonio in Afrika war – bei seiner zweiten Mutter. Die Mitschüler von Elias hätten atemlos seinen Geschichten von der Jagd auf grüne Mambas, von freundlichen Dorfbewohnern, die ihm ihre kleinen Schweinchen und Ziegen zeigten, damit er sich sein Mittagessen selbst auswählen konnte, gelauscht. „Einfach fantastico!“ Die Geschichte macht natürlich die Runde unter den Eltern der Schüler. Die römischen Buschtrommeln funktionieren nämlich einwandfrei. Hatte Signora Biondo in der letzten Zeit nicht sehr blass und melancholisch ausgesehen? Und wie konnte Elia eine Mutter in Afrika haben, wo er doch blond und blauäugig ist?

Von Mama zur Rede gestellt, kontert er: „Alle waren in den Ferien verreist gewesen und konnten von den abenteuerlichsten Dingen erzählen, nur ich nicht. Da fiel mir ein, dass Papa mir ein altes Album mit vielen aufregenden Fotos vom Besuch bei einer früheren Freundin in Afrika gezeigt hat.“ Papa habe von seinen Abenteuern in der Natur erzählt, so lebendig, dass er einfach ein paar Geschichten dazu fabuliert habe. Insbesondere die grüne Mamba habe ihn fasziniert. Wird aus meinem Elia etwa eine Art italienischer Baron Münchhausen oder gar ein ausgewachsener Pinocchio, fragte sich seine Mutter, und hält hin und wieder Ausschau nach verräterischen Anzeichen.

P.S. Beim nächsten Besuch in Rom wird seine deutsche Oma von Elia mit einem geflochtenen Papierkorb begrüßt. Er trägt eine riesige Schutzbrille und ebenso riesige Arbeitshandschuhe. Blitzschnell greifen diese in den Korb und fördern ein Knäuel grüner Schlangen zutage. Omas Atem stockt. „Sind die etwa echt?“ Elia lächelt. „Alles nur Finte!“

8
Ein Römer in Haltern am See?

Was wäre, wenn ...

Auch an diesem Abend sitzen wir auf der Dachterrasse der Casa Maria Immacolata im Herzen von Rom und genießen den freien Blick auf die Kuppel der Kirche San Gioacchino ai Prati di Castello. ‚Wir', das sind Freunde und Förderer des Römermuseums in Haltern am See. Bereits am Morgen hatte einer von uns – wie auch den Morgen zuvor – ein paar Flaschen ‚Vino di Papa' aus der Klosterküche besorgt. Ein süffiger, ehrlicher Zechwein in Literflaschen, direkt aus dem päpstlichen Weinberg.

Die Luft ist wie Seide, die Stimmung gelöst. „Was wäre", fragt einer aus unserer weinseligen Runde, „wenn die alten Römer ihre Spuren in Haltern hinterlassen hätten?" Nach dem dritten Glas, schließlich kommt der Wein aus der Nähe von Rom, kann man durchaus solch eine Frage stellen.

„Haben die denn keine Marketenderinnen mitgebracht?", fragt der nächste. Dies sei anzunehmen, doch wären ihnen mit Sicherheit auch die blonden, blauäugigen, hochgewachsenen Germaninnen aufgefallen, sinniert ein anderer. Na also! Irgendwo müsse es doch Männlein oder Weiblein geben, denen man das Römische heute noch ansehen könne. Die Runde bricht in schallendes Gelächter aus. Je mehr Frascati fließt, desto flüssiger wird die Unterhaltung. Irgendwann wird es still in dem Kreis. Macht sich gerade Müdigkeit breit, bahnt sich ein wohliger Rausch an oder versucht man in Gedanken, die inneren Bilder von Freunden und Bekannten nach verdächtig römischen Zügen zu sortieren? Im Gedächtnis wird heftig gekramt, bis alles ziemlich nebulös erscheint. Der Frascati zeigt Wirkung, auch bei mir ...

Geisterstunde oder Nächtliche Wanderung

Mitten in der Nacht. Ich stehe im Kardinal-Graf-von-Galen-Park. Die Laterne wirft ihr kaltes Licht auf den bronzenen Bürger, der seit achtzehn Jahren in Richtung Römermuseum weist. Er wirft lange Schatten auf das Kopfsteinpflaster. Urplötzlich erwacht er zum Leben: zuerst seine wie in Verzweiflung geöffneten leeren Hände, dann die sehnigen langen Beine. Es ist, als versuche er, sich seiner Verankerung zu entledigen, Zentimeter für Zentimeter. Gebannt schaue ich zu, höre ein Knacken und Bröckeln, sehe, wie das Pflaster unter seinen Füßen auseinander bricht, Stein für Stein. Wie lange stehe ich so da und schaue wie hypnotisiert diesem unwirklichen Schauspiel zu, wie angewurzelt, unfähig, mich zu rühren? Er aber setzt seine Beine in Bewegung, zögerlich, unendlich langsam. Fast mechanisch setzt er einen nackten Fuß vor den anderen, gleitet oder besser schwebt schwerelos in Richtung Siebenteufelsturm und Innenstadt, biegt ein in die schmale Goldstraße zur Rechten vom Alten Rathaus, hält sich länger an Kreuzungen auf. Meine Tarnkappe kann ich getrost abnehmen. Er dreht sich nicht ein einziges Mal um. Ich bleibe ihm dicht auf den Fersen. Wo will er hin? Entflieht er, weil er sich bösen Geistern ausgeliefert fühlt? Hat er es satt, weiterhin in der Pose des Verlierers, just im Augenblick seiner bitteren Niederlage, lediglich greif- und begreifbarer Brückenschlag zur römischen Vergangenheit und Wegweiser zum Römermuseum zu sein? Ich bin versucht, ihn anzusprechen, Sachen zu sagen wie: Dies ist nicht der Weg zur Lippe, soll ich dir den Weg zum Hafen weisen? Ich öffne den

Mund, doch kein Ton kommt über meine Lippen! So irren wir beide eine gefühlte Ewigkeit in und um Haltern herum. Jetzt spüre und teile ich seine Verzweiflung! Sucht er etwa seine verlorenen Legionen, hält er Ausschau nach möglichen Nachfahren oder will er schlicht und einfach nichts wie weg, nur raus aus Haltern, zurück nach Rom, weil seiner Meinung nach die Germanen noch immer auf den Bäumen hocken? Schweißgebadet wache ich auf.

Ein Nachfahre?

Roberto, 9 Jahre jung, hat sich den römischen Beinamen Lupus gegeben, um damit zu signalisieren, dass er an der Lippe geboren wurde. Schließlich stehe ja die weibliche Form, nämlich ‚Lupia', nicht nur für Wölfin, sondern auch für den Fluss Lippe. Gerade ist er mal wieder mit seinem Vater auf der kleinen Anhöhe, seinem Lieblingsort, von wo man die grüne Weite der pastoralen Landschaft um Haltern überblicken kann. Ganz lässig steht er da, als lehne er an einer imaginären antiken Säule. Es gibt nicht viel, was der Vater nicht weiß über die kurze, wenn auch intensive Zeit der Römer in Haltern, was auch mit seinem Beruf zu tun hat. Lupus zählt zwar noch keine zehn Jahre, aber er hat bereits unzählige Geschichten begierig aufgesogen und gespeichert. Er hat dunkel gelocktes Haar, fast schwarze Augen, ein fein geschnittenes Gesicht und zarte olivfarbene Haut, was möglicherweise daran liegt, dass seine Mutter aus dem tiefen Süden Italiens stammt.

Heute erzählt der Vater nicht über die Zeit der Römer in Haltern, nichts über ihr Gräberfeld, nicht über ihre Zelte oder Ess- und Trinkgewohnheiten, auch nicht über die beliebtesten Brett- und Würfelspiele der Kinder. Lupus ist sowieso mehr interessiert an den römischen Murmeln aus Ton und Glas, die er stets bei sich trägt, als Talisman. Einträchtig stehen Vater und Sohn nebeneinander und schauen, schauen wortlos vor Staunen auf die liebliche Lippe-Landschaft. Minutenlang!

Plötzlich hebt Lupus seine kleinen Arme. Sie machen eine weit ausladende, fast majestätische Geste. Dann öffnet sich sein Kindermund. Er holt tief Luft! „Dies alles“, sagt er mit ernster und fester Stimme, „hat einst uns gehört!“

9
Die Wandergeige

Nun ist sie tot, die Erbtante! Der Familienclan ist beinahe vollzählig erschienen, angereist aus allen Himmelsrichtungen. In schönster Eintracht hat man sich am runden Tisch versammelt: drei noch lebende Brüder, drei Neffen und eine Nichte.

Ich sollte schon erwähnen, dass wir in Westfalen sind, wo das Sprichwort gilt: „Seid Ihr noch einig oder habt Ihr schon geteilt?“ Ja, hier wird gerade geteilt, und ja, auch hinterher wird man sich trotzdem noch einig sein! Der Tante hätte das gefallen! Jeder darf sich aus ihren persönlichen, wenn auch bescheidenen Schätzen etwas aussuchen: die sternförmige blutrote Granatbrosche etwa, eins der zart mit Rosenknospen und Goldrand verzierten Sammeltässchen oder das vergilbte Foto, das Tantes Mutter in Bad Bertlich zeigt, wo sie immer auf Linderung ihres Gallenleidens hoffte. Lächelnd posiert sie vor einem blühenden Busch, hält einen Zweig in der Hand, als wolle sie sich daran festhalten. Sie hat traurige Augen. Neben dem Foto eine lange Piepe mit dem weißen Porzellankopf. Mit ihr, so schien es, war der Stiefvater Heinrich Schulz praktisch verwachsen. Genau diese hat es einem der Neffen angetan. Und wie sie da so auf dem Tisch liegt, lässt die Runde den Stiefvater noch einmal in all seinen Farben aufleuchten und leuchtet ganz nebenbei auch seine Ecken und Kanten aus.

Der eine hat ihn als einen Hauch selbstherrlich, ein anderer als enorm pedantisch und wieder ein anderer als einen Tick zu streng in Erinnerung. Sein Markenzeichen, da sind sich alle einig, seien seine Stehhaare gewesen und der Zwirbelbart, den er nachts mit einer Schnurrbartbinde in Form hielt.

Nein, ein Wirt, wie er im Buche steht, sei er nicht gewesen. Zwar schenkte er seinen Gästen gern ein Bier ein, doch ungern über den Durst hinaus! Er selbst rührte jedoch im eigenen Lokal keinen Tropfen Alkohol an! Einmal, da sei er mächtig *stramm* gewesen, nämlich als sein Freund Johannes zuhause mal wieder seinen Namenstag feierte: mit selbstgebranntem Schnaps und diversen Aufgesetzten. Mit „Jetzt haben wir den schwarzen, jetzt haben wir den weißen, nun müssen wir auch den roten probieren", hatte der die Farben der alten Reichsfahne hochhaltende alte Pfarrer die versammelte Corona animiert, nämlich den vollständigen Vorstand des Kirchenchors, jedoch strikt o h n e Damen! Anschließend sei der Stiefvater mit einer Fahne anderer Art nach Hause getorkelt. Einer der Gäste hatte ihm sicheres Geleit gegeben. Selbst die vorletzte Hürde, das verschlossene Eisentor, wurde mühelos überwunden; der Schlüssel steckte von der anderen Seite. Auf sein zaghaftes Klopfen hin öffnete sich die Tür prompt, gerade mal genug, um den Arm der schon im Nachthemd steckenden Stieftochter durchzulassen, die ihn diskret und wortlos ins Innere zog. Geschwindigkeit war an der Nachtordnung, denn direkter Nachbar war kein geringerer als Vikar Q.

Ein Zwölfender, also ein Soldat, der eine mindestens zwölfjährige Dienstzeit abgeleistet hat, war er gewesen und nach dem 1. Weltkrieg Oberassistent der Königlich-Preußischen Reichsbahn, bis er Anfang 1920 die Mutter der Erbtante, eine Witwe mit sechs Kindern, heiratete und den Gasthof übernahm. Fast spartanisch war das Interieur: viel dunkles Holz, blanke Tische, darauf Münsteraner Germania Bier oder Deinken's Korn, der mit 1000 Litern im Jahr die Unterhaltung angenehm in Fluss hielt. Lauscht man der Tischrunde, gewinnt man den Eindruck, er sei weniger ein Ort ernsthaften Trinkens gewesen, vielmehr eine Drehbühne sowohl für Vereine wie den Brieftaubenverein als auch für Konzerte, Tanzkurse, kleinere Theateraufführungen und natürlich insbesondere für Proben des Kirchenchors und des Kirchenorchesters, deren Gesamtleitung viele Jahre unter seiner Ägide stand. Das Heft zum Jubiläum ‚90 Jahre Kirchenchor und 10 Jahre Pfarrorchester' würdigt die Aufbauarbeit des Stiefvaters, insbesondere die im Orchester, und bescheinigt ihm, dieses zu einem beachtlichen Klangkörper geformt zu haben. So mancher Zeitzeuge habe immer noch das Bild vor Augen, wie dieser mit seinem *lim, pim, pim, pom*, unterstrichen von ein paar Takten auf seiner alten Geige, den Chor anstimmt. Auch heute noch sei das nichts Ungewöhnliches, ein Chorleiter, der nicht singen kann.

Jetzt liegt die Geige in ihrem Kasten auf dem Tisch. Alle sieben Augenpaare sind darauf fixiert. Die Nichte der Erbtante ist ausgeguckt worden, ihn feierlich zu öffnen. Im Corpus der Geige klebt ein Zettel, der sie als Stradivari ausweist. Ganz zart, geradezu ehrfürchtig streichen Hände, alte und junge, über Geige und Bögen, zwei an der Zahl. Niemand aus der Runde spielt ein Musikinstrument; und schon gar nicht Geige. Einer der Neffen munkelt, man hätte in der Vergangenheit diese Zettel gern aus Jux eingeklebt. „Vielleicht sollten sie auch nur den Verkauf fördern", meint die Nichte. Dennoch ist man sich schnell einig. Ein Gutachten muss her! Das gute alte Stück, möglicherweise ein Schatz, soll verkauft werden! Und so kommt es, dass der erste sich auf die Reise nach Essen macht, wo zufällig Sachverständige eines renommierten Auktionshauses auf der Jagd nach alten Musikinstrumenten sind. Schnell wird klar, dass es sich nicht um eine Stradivari handelt. Und so macht sich der zweite auf den Weg, der dritte, vierte usw. – mit dem immer mehr oder weniger gleichen Misserfolg.

Weltläufig, wie sie inzwischen geworden ist, wandert sie von einem Sachverständigen zum anderen, von Auktionshaus zu Auktionshaus. Musikalienhändler und Geigenbauer zwischen Essen und Berlin, Leipzig und München werden konsultiert. Nirgendwo wird die Geige als wertvoll eingeschätzt. Der sechste in der Runde, der Stiefenkel, startet den vorletzten Versuch, den bestmöglichen Preis zu erzielen; plagt ihn doch seit Kindesbeinen das schlechte Gewissen. Zwar hatte ihm der gestrenge, ziemlich autoritäre Großvater hin und wieder die Flötentöne beibringen können, nicht aber das Geigenspiel. Seine hohe Erwartungen hatten ihn gründlich und nachhaltig abgeturnt! Also tut er späte Buße und lässt die alte Fiedel zunächst von einem Geigenbauer in Gelsenkirchen fachmännisch aufarbeiten, bevor er ihn um seine geschätzte Meinung bittet. Schließlich erscheint dessen Name erstmalig bereits 1720 in einem Buch, einem Verzeichnis aller bekannten Geigenbauer und danach weitere 22 Mal. Für ihn, der kaum noch weiß, wie viele Musiker ihre Stradivari in seine heilenden Hände gelegt haben, ist es eine leichte Übung, ein Urteil zu fällen.

„Die Geige", stellt er fest, „ist zwar alt, aber nicht sehr alt." Auf keinen Fall handle es sich um eine Stradivari! Die Geige stamme aus Anfang des 20. Jahrhunderts, wie auch der dazugehörige Geigenbogen. Der sogenannte Frosch aus Neusilber ist auf beiden Seiten verziert mit einer Geige auf ausgerolltem Notenblatt sowie dem Porträt eines langhaarigen Mannes, darunter eingraviert der Name: Paganini. Der zweite, zweifellos wertvollere Bogen hingegen passe nicht zu dieser Geige.

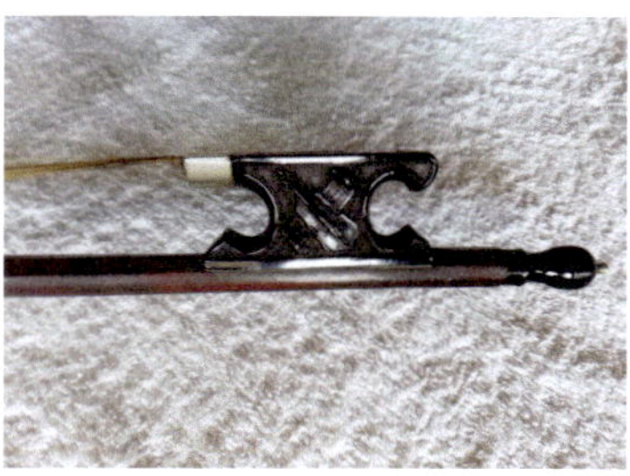

Was wäre, fragen sich die Erben, wenn da noch eine zweite Geige irgendwo auf einem Dachboden schlummert und nur darauf wartet, von diesem wieder zum Klingen gebracht zu werden? Bevor man sich jedoch auf eine weitere Spurensuche macht, begibt sich Bruder A. auf den Weg nach München und lässt die „Wandergeige" von dem Oberkonservator des Musikinstrumentenmusems begutachten. Ein allerletzter Versuch!

Einige Zeit später. Mit Spannung wird das Gutachten des Museums geöffnet. Sollte es sich vielleicht doch um eine Stradivari oder wenigstens um eine nach einem Stradivari-Modell gefertigte handeln?

„Die uns vorgelegte Violine ist unserer Auffassung nach eine Serienarbeit des vogtländischen oder sudetendeutschen Gebietes um die Wende vom 20. Jahrhundert: Violine mit Faksimile-Zettel ‚Antonius Stradivarius' mit Jahreszahl 1793 (Stradivari starb 1737!). Das auf alt imitierte und an den Rändern schattierte Instrument, die zu weitjährige Decke und moderne Halsstellung ohne angeschäftete Schnecke stellt keinen wertvollen Beitrag zu Geigenbaukunst dar."

Die Hoffnung, dass Großvaters Geige wertvoller ist als bisher allgemein angenommen, stirbt auch jetzt nicht. Im Gegenteil, sie blüht gerade wieder auf. Ergo bleibt der vermeintliche Familienschatz auch weiterhin eine Wandergeige, so lange jedenfalls, bis sie die Geldbeutel der Erben kräftig klingeln lässt, hat doch jeder in der Runde einen kleinen Traum, den er leben möchte. Zuletzt habe man die Geige auf Gran Canaria gesichtet, wo sich just in diesen Tagen jemand brennend für sie interessiert. Und darauf heben sie jetzt ihr Glas – und natürlich auf die Tante!

10

Ein Atelierbesuch

Ligurische Impressionen I

Versuch einer Annäherung an einen der großen italienischen Impressionisten des 19. Jahrhunderts

2017, 11 Uhr morgens! Noch ist die Luft frisch und angenehm kühl. Angekommen in der malerischen Altstadt von Bordighera, oberhalb des Capo Sant' Ampelio mit seinem mittelalterlichen Kirchlein auf felsigem Grund, folgen wir der Via dei Colli, der sich die Via Fontana Vecchia anschließt. Weiter geht's bergauf, entlang der langen, das riesige Anwesen umarmenden Mauer, bis wir vor dem Tor stehen, wo wir bereits erwartet werden.

Dass wir in die Welt des großen italienischen Impressionisten und Kunstsammlers des 19. Jahrhunderts, nämlich Pompeo Mariani (*1857 in Monza, †1927 in Bordighera) eintauchen, liegt unserem

Freund Gian Carlo am Herzen, waren doch sein Großvater und Mariani eng befreundet gewesen. Mariani werde übrigens in einem Atemzug genannt mit anderen Größen seiner Zeit: Lovis Corinth und Max Liebermann.

Dies also ist die erste von vielen Türen, die Gian Carlo für uns öffnet – zu ganz persönlichen ligurischen Impressionen, die uns unvergesslich bleiben werden. Das Atelier, offizieller Sitz der Fondazione Pompeo Mariani, dient gleichzeitig als Museum. Wir haben das Glück, dass Dott. Carlo Bagnasco, Präsident der Stiftung, uns eine Privatführung widmen wird. In diesem Augenblick können wir uns keine spannendere Annäherung an Mariani vorstellen, als über seinen Schaffensraum, der Ort, wo er ganz bei sich sein konnte. Welch ein Abenteuer – ist das Atelier eines Künstlers doch quasi wie sein Fingerabdruck.

Schon von weitem erblicken wir zur Linken der Villa Mariani das 1911 vom Architekten Rudolfo Winter, Sohn des berühmten Gärtners, Botanikers und Landschaftsarchitekten Ludwig Winter, errichtete Atelier *La Specola – Die Sternwarte.* „Es kann sich rühmen“, so Bagnasco, „eins von weltweit zehn Studios zu sein, die in ihrem ursprünglichen Zustand erhalten werden.“ Sowohl die Residenz des Künstlers, die Villa Mariani, als auch das Atelier *La Specola* fügen sich harmonisch ein in einen erstaunlich gut erhaltenen Teil des historischen Moreno-Gartens. Villa Mariani, ursprünglich ein kleines Cottage, 1885 von der Countess Fanshawe nach Entwürfen des berühmten Architekten Charles Garnier (1825 -1898) errichtet, sei 1909 von Pompeo Mariani erworben und vom Architekten Rudolfo Winter erweitert worden.

Zu den illustren Besuchern zählten u.a. Königin Margherita und König Umberto I. von Savoyen, Puccini, Toscanini, Andrew Carnegie, Max Linder und Arthur Rockefeller.

Mariani, so Bagnasco, habe alle Künstler gekannt, die zu der Zeit in Bordighera lebten oder Bordighera bereisten und blieben: Hermann Nestel, Guiseppe Ferdinando Piana, Ascan Lutterroth, Karl Lorenz Rettich und zahlreiche andere. Zu seinem Umfeld zählten ebenfalls Charles Garnier, der als Architekt die Pariser Oper, das Casino von Monte Carlo und seine eigene Residenz, die Villa Garnier, errichtet hatte, Mosè Bianchi (Marianis Onkel, der berühmte Maler und Graphiker), Baron Friedrich von Kleudgen sowie Guiseppe Balbo, der Mariani die Opernsängerin Marcellina Caronni (genannt Nana) vorstellte, die später seine Frau wurde.

Dichter wie Byron, Shelley und später Charles Dickens mögen dieses Sehnen nach den leuchtenden Farben, dem unvergleichlichen Licht, den betörend duftenden Gärten Bordigheras, der alten Eleganz und dem leicht dekadenten Charme der Belle Epoque geweckt und geschürt haben. *Last but not least* hatte ein gewisser Giovanni Ruffini mit seinem in San Remo und Bordghera spielendem Liebesroman *Il Dottor Antonio*, der 1855 erstmals in Edinburgh erschien, die Reisewelle nach Bordighera entscheidend ins Rollen gebracht. Mochte ein Theodor Fontane die Stadt Edinburgh noch so liebevoll skizziert haben: *„Auf grauem Felsen steigen graue Felsenhäuser in die Luft, und über dem Ganzen liegt jener graue Nebelschleier, der den Zauber der Stadt vollendet“*, sonnen-, farbenhungrige und nebelmüde Schotten machten sich in Scharen auf den Weg, gefolgt von Deutschen, Franzosen, Engländern, Österreichern und Russen.

So verliebt in Bordighera mit ihrem Duft von Zitronenblüte, Mimose, Oleander und Eukalyptus war der italienische Librettist und Dramatiker Guiseppe Adami, dass er die Erinnerung daran hautnah bei sich tragen wollte, weshalb er den legendären Parfümeur Albert Krigler damit beauftragte, die Essenz Bordigheras in einem einzigartigen Duft zu verdichten. Und so kam es, dass dieser mit seiner Familie einen Sommer in einer von Charles Garnier entworfenen Villa verbrachte und sich von dem betörenden Duft der Zitronenbäume ringsum inspirieren ließ. Und weil diese Villa 1920 die Wiege seiner Kreation war, gab er ihr den Namen *Villa Bordighera 20*, als er sie aus der Taufe hob.

Zögerlich, beinahe ehrfürchtig, betreten wir Marianis Heiligtum *La Specola*. Als halte er Hof, blicken uns bereits am Eingang Marianis Augen über einem mächtigen weißen Rauschebart aus einer stark vergrößerten Fotografie selbstbewusst entgegen, ganz entspannt in einem Riesensessel sitzend. Lässig halten die Finger seiner rechten Hand eine Zigarette. Weitere Bilder zeigen ihn inmitten seiner Künstlerfreunde.

Die Zeit, so scheint es, hält hier den Atem an. Uns ist, als hätte Mariani für einen flüchtigen Augenblick seine Staffelei verlassen, wäre da nicht der zarte Staubschleier über Arbeitstisch, Pinseln und Malutensilien. Die Zeit scheint still zu stehen. Wir stehen und staunen. Marianis ehemaliger Arbeitsraum ist prall gefüllt mit prachtvollen Roben, Vintage-Kleidung aus dem 17. und 18. Jahrhundert, Orientteppichen, Fayencen, antiken Waffen, Reproduktionen seiner eigenen Gemälde, Aquarelle und Monotypien neben Schaffenshinterlassenschaften berühmter Künstler, darunter Werke von Arnaldo Esposto, Mosè Bianchi und Giannetto Fieschi; Requisiten und Reisesouvenirs, soweit das Auge reicht!

Ob es wohl einen roten Faden gibt, der einen Zusammenhang zwischen den 1500 Objekten erkennen lässt? „*La Specola*", so Bagnasco, „diente Mariani sowohl als Atelier als auch Hort für die Kunsttrophäen seiner Sammellust." Mit Hilfe alter Fotos sei es möglich gewesen, das Atelier in seinen ursprünglichen Zustand zurückzuversetzen – in mühevoller Kleinarbeit! Zunächst aber galt es, die an unterschiedlichen Orten gelagerten Gemälde, Skulpturen, Requisiten und das Mobiliar zu orten. Bagnasco erzählt so unglaublich lebhaft, dass vor unserem inneren Auge Bilder ablaufen wie ein Film: Wir sehen, wie der Kreis um Mariani, Künstlerkollegen, Sammler und Bewunderer ihm beim Schaffen über die Schulter schauen, ihn umringen, mit ihm diskutieren, fachsimpeln und ausgelassen feiern; beobachten, wie Mariani hier und da den einen oder anderen der opulenten William-Morris-Stoffe zwischen Zeige- und Mittelfinger nachdenklich hin und her bewegt, um ihn dann spielerisch über eine Gliederpuppe zu werfen und geschickt zu drapieren.

Etwa, um den Faltenwurf für ein neues Gemälde zu studieren oder mit den Augen die Farbe eines Stoffs perfekt auf den Typ einer ihm vorschwebenden eleganten High Society Beauty abzustimmen, deren Schönheit er Ewigkeit schenken will?

Bordighera mit seinem magischen Licht, brillanten Farben und betörendem Duft verhexten und verführten ihn dazu, knorrige Olivenbäume, das Leben der Fischer und immer wieder das Meer bei Bordighera zu verewigen. Neben naturalistischen Landschaftsbildern schuf er einfühlsame Porträts von Königin Margherita von Savoyen etwa und natürlich unter anderem von seiner Frau Nana. Auch die schillernde Welt der High Society hielt er in seinen Bildwelten fest. Mit großer Sensibilität habe er die Spiegelung von Licht auf Wasser, die wechselnden Licht- und Farbspiele unterschiedlicher Tages- und Jahreszeiten exploriert. Mariani habe sich an 480 Ausstellungen beteiligt und elf Gold- und neun Silbermedaillen errungen. Die Stiftung bewahre und verwalte mehr als 20.000 seiner Sammelobjekte. Für die in der Villa Pompeo Mariani gehüteten Schätze – Gemälde von Tiepolo etwa, Degas und Courbet, Möbel von William Morris, die Sammlung goldener und silberner Tabakdosen und insbesondere die spektakuläre, äußerst umfangreiche Bibliothek – bleibe heute leider keine Zeit. „Sie müssen halt bald wiederkommen", sagt unser Gastgeber.

In dem 1 Hektar großen Hain, der zu den bedeutendsten Gärten Italiens (*Grandi Giardini Italiani*) zählt, mit teilweise 500 Jahre alten Taggiasca-Olivenbäumen, Palmen, Orangen- und Zitronenbäumen, einer exotischen Vegetation und intensiv duftenden Flora, hatte Carlo Bagnasco uns zur Freude Reproduktionen exakt an den Stellen platziert, wo Monet 1884 seine ‚Morgenimpressionen' vom Garten, seine Studie von Olivenbäumen und das Gemälde „Blick auf Ventimiglia" geschaffen hatte. Monet habe von Januar bis April 1884 in Ligurien gewirkt.

Jetzt stehen wir genau da, wo 1884 sein Ölgemälde *Bordighera* entstand, nämlich rechts vom Eingang zum Atelier. Als Plakat hatte es den Berufsalltag meines Mannes jahrzehntelang begleitet. Was hätten wir gegeben, in diesem Moment selbst vor einer Staffelei zu stehen und den Pinsel zu schwingen! Als könnte er unsere Gedanken lesen, erwähnt Bagnasco, dass es Künstler aus aller Welt immer wieder in diesen irdischen Garten Eden zieht, von dem Monet einst in einem Brief geschwärmt hatte: *„Ein Garten wie jener ist unbeschreiblich, ist pure Magie. Alle Pflanzen der Welt wachsen dort, ohne dass sie gepflegt werden müssen."*

Die gebürtige Amerikanerin Linda McCluskey ist nur ein Beispiel. Wie die Künstler zu Lebzeiten Marianis zog es auch sie hierher. Sie kam, sah, malte den von Monet verewigten Olivenbaum und blieb bis heute, nur einen Steinwurf entfernt von Bordighera.

11
Ein Tag in Genua
Ligurische Impressionen II

2017. ‚Un giorno memorabile', mit anderen Worten, ein Tag, den man auf dem Kalender rot anstreicht, war der 10. Oktober. Punkt 9 Uhr holte Freund Gian Carlo uns vom Hotel ab, um uns eine Kostprobe seiner geliebten Stadt, *Genua, die Stolze*, zu schenken. Er kam gut vorbereitet, im Gepäck ein pralles und kontrastreiches Programm. Erste Station, Genuas älteste und bedeutendste Städtische Bibliothek, die Biblioteca Civica Berio, ehemaliges Priesterseminar, wo die Archivleiterin bibliophile Schätze vor uns ausbreitete und erläuterte; u.a. ein Buch der Familienwappen von Ligurien, wie das der Adelsfamilie Doria mit von Hand gemalten Aquarellen, das Who's Who Genueser Familien, sowie einen Pressendruck des legendären Buchdruckers Aldus Manutius in griechischer Sprache, den wir ehrfürchtig wie eine Hostie in den Händen hielten.

Der Weg zum Hafen, dem Porto Antico, war gepflastert mit malerisch-holprigem, Frauenfüße malträtierendem Pflaster. Gian Carlo warnte, der Hafen sei zwar ein sicheres Gebiet, jedoch bei Nacht seien die engen, brodelnden Gassen gefährlich. Im Hafen angekommen, wurde unser Trio nach wenigen Schritten lautstark von zwei gut gelaunten Signori begrüßt: Sergio Noberini, Direktor des Museo Luzzati, und Dott. Andrea Rossi. Man erwarte uns bereits im Museum im Porta Siberia, hieß es. Siberia habe nichts mit Sibirien zu tun, sondern mit dem Begriff ‚Essen', gelangten doch in der Vergangenheit durch dieses ursprüngliche Stadttor die Nahrungsmittel vom Hafen in die Stadt und umgekehrt. Umgebaut zu einem Museum, wurde es Emanuele Luzzati (30.06. 1921 – 26.01. 2007), dem Genueser Maler jüdischer Herkunft, gewidmet: Autor, Graphiker, Bühnenbildner, Filmdirektor und Kurzfilm-Animator, der ferner 400 Bücher, vorwiegend Kinderliteratur, illustrierte.

Wandteppiche, Keramiken, Collagen, Découpage-, Bühnenbilder und Entwürfe, Textil- und Kostümentwürfe ließen uns eintauchen in die Poesie seiner wundersamen Zauberwelt, die nicht nur Kinder entzückt. Wie eine lebhaft sprudelnde Quelle der Inspiration lockten Multimediasaal, Bibliothek und Didaktik-Räume. Zwar verspürten wir unbändige Lust, unserer Phantasie Flügel zu geben, um die eigene Kreativität zu entdecken, allein an Zeit mangelte es. Beim Abschied wurden wir reich beschenkt mit Luzzatis Liebeserklärung an seine Geburtsstadt: eine DVD seiner farbenfrohen Zeichentrickfilme *cartone animato* mit dem klingenden Titel ‚Genova sinfonia della città'.

Tage zuvor hatten wir Apricale besucht. Da wussten wir noch nicht, dass Luzzati dessen Ehrenbürger ist. Auch wurde uns erst nach unserer Heimkehr klar, weshalb sein Stil uns wie ein Déjà-vu-Erlebnis vorgekommen war. Plötzlich erinnerten wir uns an sein Gemälde ‚Sukkot' (Laubhüttenfest) im Museo

Ebraico di Bologna, das einer unserer Freunde Monate vor unserem Besuch auf seiner Facebook-Chronik gepostet hatte. Zudem spielte uns der Zufall vor kurzem ein Souvenir unseres Besuchs der Fondazione William Walton in die Hände. Die Postkarte zeigt Lele Luzzati's Gemälde Teatrino, das wir bereits 2001 in der sala recíte des Museums von La Mortella auf Ischia bewundert hatten.

Kunst und Kultur machen hungrig. Glücklicherweise, nur einen Steinwurf entfernt vom Museum, lockte EATALY mit seinem riesigen Gourmetparadies und quirligen Restaurant, wo man sich den Geschmack Liguriens auf der Zunge zergehen lässt. Unser Freund entschied sich für Brandacujun, delikates, cremig gerührtes Püree aus gekochtem und vorher gewässertem Stockfisch (stoccafisso) und Kartoffeln, üppig garniert mit Pinienkernen, grünen und braunvioletten, traumhaft aromatischen Oliven, und Rucola. „Ich bin ganz verrückt nach diesem Gericht“, verriet er uns. In Ligurien genieße dieses Gericht Kultstatus. Wir taten ihm gleich und balsamierten es mit ein paar Tropfen Taggiasca Olivenöl, dem flüssigen Gold Liguriens.

Bestens gestärkt ging's weiter! Unterhalb des mittelalterlichen Stadttors Porta Soprana hielten wir an der Piazza Dante kurz inne vor einem kleinen, von Efeu umrankten Haus, in dem Columbus seine Kindheit und Jugend verbracht haben soll. Und bevor dieser *giorno memorabile* zur Neige ging, befolgten wir Gian Carlos Tipp und machten uns auf den Weg zum prachtvollen Hotel Bristol Palace. Das einzigartige Jugendstil-Treppenhaus müssten wir uns unbedingt anschauen. Die Schönheit der elliptischen Marmortreppe habe Alfred Hitchcock, Stammgast seit den 20er Jahren, später zu seinem Film *Vertigo* inspiriert. Also sahen und staunten wir. Atemlos und überwältigt von Ehrfurcht hielten wir auf halbem Weg nach oben an, blickten höher, höher, noch höher, unsere Augen fixiert auf die imposante Buntglasdeckenkuppel. Und dann machten auch wir Bekanntschaft mit Vertigo!

Wir nahmen uns vor, beim nächsten Besuch mehr Zeit im Gepäck zu haben. Man müsse die Stadt mit allen Sinnen erkunden. Genua, die Stolze, offenbare ihre Schönheit, ihr Geheimnis nur denen, die sich ihr in kleinen Schritten nähern, um sie zu umgarnen, gab uns Gian Carlo mit auf den Weg. Sie lasse sich nun mal nicht im Sturm erobern.

12
La Favorita – eine Küche, die nach Landschaft schmeckt
Ligurische Impressionen III

Oktober 2017. La Favorita, auf einem Berghang thronend, mit freiem Blick auf das hinreißend schöne Bergdorf Apricale mit seinem Castello della Lucertola, Kastell der Eidechse, aalt sich gerade in der Mittagssonne. Eben noch haben wir uns durch das Labyrinth, das Gewirr steiler Gassen – caruggi –, schiefer Treppen und Treppchen, und trutziger Steinarkaden geschlängelt, vorbei an Steinhäusern, gekleidet in pastellfarbene Wandgemälde ländlichen Alltags. So viel Schönheit macht hungrig, stellen wir gerade fest.

Viel, viel zu viel Zeit ist seit unserem letzten Besuch in La Favorita verstrichen. Heute wollen wir hier und nur hier Geburtstag feiern und, uns erinnernd, den Gaumen auf eine neue Reise schicken. Ob Vicenzo, der gute Geist von La Favorita, wohl noch da ist und uns mit typisch italienischer Gentilezza bedienen wird? Und Giovannina, die Schwiegermutter des Padrone, wird sie uns wieder als Finale einer großen kulinarischen Oper mit einem Schlag ihrer köstlichen Zabaglione beglücken, begleitet von verführerisch duftenden, in Olivenöl frittierten *Pansarole*, genau wie beim letzten Besuch: frisch zubereitet und *subito* serviert?

Mario Anfosso, der Padrone, steht bereits in der geöffneten Tür! Wie gute alte Freunde werden wir willkommen geheißen und alsbald mit einer Ouvertüre warmer und kalter Antipasti Apricalesi eingestimmt. Minuten später beginnen die ersten Gäste einzutreffen. Touristen, hungrige Handwerker, eine Handvoll Stammgäste aus dem nahen Nizza, Feinschmecker aus Savoyen und Gäste aus Germania nehmen ihre Plätze ein, so selbstverständlich, als seien sie reserviert. Am Kamin brutzeln aufgereiht am Grill kleine Milchlammkeulen vor einem knisternden Holzfeuer vor sich hin. Es duftet nach mit Salbeibutter gefüllten Ravioli. So etwas wie freudige Erwartung schwängert die Luft, nämlich auf Marios nach Landschaft schmeckender Küche! Dieses Mal entscheiden wir uns nicht für die Spezialität des Hauses, butterzartes Lamm, sondern wählen köstliche Tagliata di manzo in Begleitung von grünen Böhnchen, gesalbt mit apricalesischem Olivenöl extra vergine und Pommes frites, geschnitten aus frisch geschälten Kartoffeln. Die Tagliata di manzo entpuppt sich als Fächer rosa gebratener Scheiben vom Rinderrücken, auf einem Bett von zitronig angemachtem Rucola ruhend, garniert mit gehobeltem Parmiggiano Reggiano, gerösteten Pinienkernen und Wacholderbeeren. Und während Mario von Tisch zu Tisch eilt und seine unverfälschten ligurischen Köstlichkeiten aufträgt, bricht wie auf ein geheimes Kommando hin auch das munterste Gespräch mitten im Satz ab; ein genüssliches Schweigen macht sich breit, ansteckendes Wohlwollen und Wohlbehagen, unbeschwertes Zusammensein. Beinahe lautlos, wie von Zauberhand bewegt, so scheint es, rücken all die kleinen Vierertische vorne und hinten, links und rechts in die Mitte des Raumes, fügen sich nahtlos aneinander, verwandeln sich vor unseren Augen in eine ellenlange, festlich gedeckte Tafel. Ein lauter Applaus für das genüsslich ausklingende Finale, das ‚Dolce', reißt uns aus unserem Tagtraum. Mario verrät uns, dass er *seine* Zabaglione nicht allein mit Marsala, sondern einer Mischung aus Marsala und Weißwein aus eigener Herstellung zaubere. Die Dosierung aber, die bleibe top secret, basta!

Und während wir andächtig unsere kleinen, bauchigen Pansarole in die goldgelbe Köstlichkeit tauchen, steigt leicht verschwommen vor unserem inneren Auge das Bild von der statiösen Giovannina auf, wie sie dennoch schwerelos mit leicht melancholischer Grandezza und randvoll gefülltem Kupferkessel wie auf Wolken von Tisch zu Tisch schwebt und, enigmatisch lächelnd, Sünde auf dem Schöpflöffel austeilt. Einfach himmlisch! Wie damals bei unserem ersten Besuch! Sollten wir also beim nächsten Mal Marios süffigem reinsortigem Rossese wieder reichlich zusprechen, werden wir anschließend unseren Rausch im Hause ausschlafen, denn La Favorita hat eine kleine Anzahl sehr feiner und hübsch eingerichteter Fremdenzimmer.

13
La Mortella

„Wenn ich ein anderes Wort für Musik suche, so finde ich nur das Wort Venedig.“ *Nietzsche*

2001. Und suchen wir nach einem anderen Wort für die Musik des englischen Komponisten Sir William Walton, fällt uns nur das Wort La Mortella ein. Dann perlt der Name seines irdischen Arkadiens wie eine ferne Melodie von der Zunge. Dort verschmelzen exotische Pflanzen, Blüten und Bäume zu einer einzigartigen Bühne für Waltons ‚grüne‘ Musik.

Dass es möglich ist, Töne und Klangfarben mit bestimmten Farbtönen zu assoziieren, hat der Musiker, Journalist und Schriftsteller Percy Alfred Scholes (1877-1958) in einem eindrucksvollen Essay über Farbe und Musik beschrieben.

Sind wir auf Ischia, zieht es uns jedes Mal nach Forio zu La Mortella – Die Myrthe –, den berühmten Giardini della Mortella und der gleichnamigen Villa, wo William Turner Walton seit 1949 mit seiner argentinischen Frau Susana lebte. La Mortella, so sagt man, wurde einem riesigen Steinbruch vulkanischen Ursprungs abgetrotzt und von dem berühmten Landschaftsarchitekten Russell Page entworfen, getreu nach seinem Schaffenscredo „Der Garten als Ausdruck des Glaubens, Inkarnation der Hoffnung und Hymne des Dankes". Und setzte damit die Träume des Komponisten William Walton und seiner Frau Susana in Plan und Tat um. Mehr als 300 tropische und mediterrane botanische Raritäten verweben sich auf 15.000 Quadratmetern zu einer Oase der Stille und Schönheit, aus der sich für Walton immer wieder neue Kraft und frische Impulse für seine schöpferische Arbeit speisten. In diesem irdischen Garten Eden teilt sich dem Besucher die Harmonie der Natur in unendlich vielen Nuancen von Form und Farbe mit. Durch sie spricht die Seele von Waltons Musik mit fast unheimlichem Atem. Bäume, Büsche und Blumen sind wie Wegzeichen seiner weiten Lebens- und Schaffenslandschaft. So erinnern prachtvolle Eisenholzbäume (Metrosideros tomentosa) an einen Aufenthalt in Neuseeland, wo er seine eigenen Werke dirigiert hatte. Und bezwingt man die steilen Stufen am bewaldeten Hang, so steht man ‚William's Rock', einer Trachytfelsenpyramide, gegenüber, die seine Asche hütet.

All Bliss Consists
In This –
*To Do As Adam Did.**

Thomas Traherne (1636-1674)

*(Darin besteht das Leben – zu leben als wär's Adams Leben)

Wie eine Kurzformel für Waltons Leben auf Ischia muten die Zeilen aus ‚Bliss', einem Gedicht des Theologen, Pfarrers und religiösen Schriftstellers an.

2001 führte uns ein faszinierender Artikel aus ‚Bookplate International' aus dem Jahre 1988, nämlich ‚Porträt eines Exlibris – William Walton', nach Ischia. Er hatte unsere Neugier geweckt. Vor allem, weil Remo Palmirani, der Autor, eine Reihe Fragen offen gelassen hatte, etwa: Wann hatte der italienische Künstler Gino Severini sein vielleicht einziges Exlibris für den englischen Komponisten Sir William Walton gestaltet, das später mit seinem Pulcinella-Motiv zum Logo der William Walton Stiftung wurde, die seinen Nachlass verwaltet und deren Ehrenpräsident kein geringerer als Prinz Charles ist?

Die ehemaligen Arbeitsräume von Sir William sind als Museum eingerichtet. Vornehmste Aufgabe der Stiftung ist es jedoch, in der Villa ein Studienzentrum für talentierte junge Musiker unter Leitung der bedeutendsten Lehrer der Welt zu unterhalten und sowohl die Gärten als auch das kleine, aber feine Museum für die Öffentlichkeit zu erhalten und mit Leben zu füllen. Im Hörraum kann man Passagen aus Waltons Kompositionen lauschen und sein Leben auf Film verfolgen, von der Wiege bis zum Grab. In den Nebenräumen sind Orden, Partituren, Instrumente und andere Mementos zu besichtigen. Und auch hier, wie überall in La Mortella, begegnet man dem Exlibris für William T. Walton mit dem Pulcinella-Motiv. Das mit ‚G.S.' signierte Exlibris ziert das Schreibpapier der Stiftung, allerlei Publikationen wie etwa Michael Astons ‚Potpourri‘ über Waltons Leben und Schaffen sowie Broschüren über La Mortella, Trink- und Aschenbecher, T-shirts, CDs und Videos.

Zwar entwickelte sich das Severini-Exlibris im Laufe der Jahre zum offiziellen Logo der Stiftung, und dennoch blieb es von Geheimnissen umwoben. „Selbst Daniela Fontis höchst penibel dokumentierte Studien für ‚Gino Severini – Catalogo Ragionato (1988)‘ erwähnen das Exlibris nicht“, so schreibt Remo Palmirani in seinem Artikel. Seiner Ansicht nach wurde das Exlibris nie gedruckt, was unser Interesse daran nur noch steigerte.

Wer war also dieser Severini, und was verband ihn mit dem englischen Komponisten, der u.a. die Krönungshymne für Königin Elizabeth II komponierte und der viele Jahre später vom damaligen Premierminister Edward Heath beschrieben wurde als „einer der ersten unter denen, die so viel taten, um den Ruf Englands als „Land ohne Musik“ zu zerstören und es in die Spitze der europäischen Kultur einzureihen“? Fest steht, dass sowohl Walton als auch Severini, ein jeder auf seine eigene Weise, die unterschiedlichsten Stilrichtungen der Musik beziehungsweise Malerei explorierten, was für ihre Kreativität von fundamentaler Bedeutung war und beiden half, ihre eigene, sehr eigenwillige künstlerische Handschrift zu finden. Für Walton bedeutete es einen Abstecher in den Jazz, für Severini einen Exkurs in den Neo-Impressionismus. 1907 hatte es Severini nach Paris gezogen, Sammelpunkt für talentierte Künstler aus ganz Europa. Dort begegnete er dem Futurismus und gehörte zu denen, die 1910 sowohl das ‚Futuristische Manifest‘ als auch das ‚Technische Manifest der futuristischen Malerei‘ unterzeichneten. Als sein Interesse am Futurismus verblasste, wandte er sich dem Kubismus zu, machte Bekanntschaft mit dessen prominenten Vertretern wie etwa Braque, Picasso und Derain, fand seine eigene künstlerische Sprache und zählte bald zu den Heroen der klassischen modernen Kunst Italiens.

Bei unserem Besuch fanden wir im Museum von La Mortella keinen Ansprechpartner, der über das Exlibris und das Jahr seiner Entstehung Auskunft geben konnte. Auch Lady Walton sei momentan nicht da, hieß es. Antworten erhielt ich Monate später in einem Telefongespräch. Ihr Mann habe das Exlibris 1928 erhalten, also in dem Jahr, in dem Severini den *sipario* – Bühnenvorhang – für die europäische Erstaufführung von „Entertainment – Facade“ entwarf und malte, die am 14. September im Rozzi Theater in Siena anlässlich des International Festival of Contemporary Music“ stattfand. Waltons eigenwillige Vertonung von Facade, dem Gedichtzyklus seiner exzentrischen Förderin Edith Sitwell, in dem sie die Beziehung zwischen Poesie und Musik explorierte, überlebte die wilden Zwanzigerjahre und wurde ein Klassiker.

„Mit großer Wahrscheinlichkeit hatten seine großzügigen Gönner und Förderer, die Sitwells, das Exlibris für ihn bei Severini in Auftrag gegeben, denn zu der Zeit“, so Lady Walton, „hatte mein Mann kein Geld.“ Jahre später fand sie eine große Anzahl dieser Exlibris. „Wir beschlossen, es zum Logo unserer Stiftung zu machen. Mein Mann hat das Exlibris aber nie in seine Bücher geklebt.“ Auch wenn es als Logo der Stiftung wie ein Holzstich, also Hochdruck, anmutet, so gibt sich das Original als Tiefdruck auf leimarmem Büttenpapier zu erkennen, und aus dem An- und Abschwellen des Strichs, der sogenannten ‚Taille‘, ergibt sich auf den zweiten Blick, dass es sich um einen Kupferstich handelt.

Lady Walton erinnert sich an die erste Begegnung zwischen ihrem Mann und Severini. „Wahrscheinlich trafen sie sich im mittelalterlichen Castello der Sitwells, in Montegufoni in der Toskana, wo Severini 1921 die Wände des Salons mit einer Serie prachtvoller Fresken bemalte. Das war auch das erste Mal, dass Severini Commedia dell'arte-Figuren malte, ein Thema, das ihn noch viele Dekaden in seinen Bann ziehen würde." So nimmt es nicht wunder, dass Pulcinella, eine Figur aus der Welt der Commedia dell'arte, auch das Exlibris für Walton schmückt. Es war ein Motiv, das Severini immer wieder verwandte. „Was William und ihn verband, waren nicht nur gemeinsame Freunde und Förderer wie die Geschwister Edith, Osbert und Sacheverell Sitwell, sondern auch die Faszination für Musik."

Ein Zufall spielte uns den Katalog 62 ‚Zwischen Tradition und Moderne' der Galerie Rosenbach in die Hände. Zu unserer Überraschung gab es darin ein Wiedersehen mit Pulcinella, und zwar auf einer Farblithographie mit dem Titel ‚Il Carnevale', was beweist, dass Severini selbst 1955 noch den Einfluss, den die Commedia dell'arte auf Musik und Kunst hatte, zu vertiefen wusste. Erstaunlicherweise schmückt kein Commedia dell'arte Motiv den Buchumschlag, den Severini für Waltons frühe Werke entworfen hatte. Zwischen 1926 und 1950 veröffentlichte die Oxford University Press alle Walton-Partituren mit einem von Severini entworfenen Umschlag. Das Motiv, ganz in der Manier des Jugendstils, besteht aus einer Kartusche aus Blumen und Blättern, während die Musikinstrumente an Picasso erinnern. Der Buchumschlag ist eine Symphonie in Schwarz, Pastellgrün und grauen Schattierungen und schafft eine Verbindung zwischen der Farbe Grün und Waltons Musik. Gleichzeitig ist sie wie ein Vorbote seiner späteren berühmten botanischen Gärten auf Ischia.

„Das Severini Design“, so Lady Walton, „verwenden wir heute noch, beispielsweise auf den Programmheften für unsere alljährlichen Meisterkurse.“

Das von Severini geschaffene Exlibris wie auch der Buchumschlag sind eine einzige Liebeserklärung an Waltons Wahlheimat Italien. Diese Liebe ließ Walton in seiner Musik vibrieren und pulsieren. Man erinnere sich nur an das 1926 entstandene Stück ‚Siesta‘, die mitreißenden Tarantella-Rhythmen in ‚Facade‘, den zweiten Satz seines Violinkonzerts mit dem Titel ‚Presto capriccioso alla napolitana‘ oder etwa die Lustspiel-Ouvertüre ‚Scapino‘, welche die Welt der Commedia dell’arte so meisterhaft heraufbeschwören.

14
Hotel Villa d'Este

1994. Ziel unserer Reise: Bordighera, unser gemeinsamer Sehnsuchtsort. In ihn hatten wir uns bereits als Teenager verliebt – als wir noch nicht einmal ein Zwinkern in den Augen des anderen waren. 30 Jahre später folgende Konversation: Er: „Sag mal warst du schon mal in Italien? Und wenn ja, an welchem Ort?" Ich nenne ihn. Er: „Nein, das ist doch nicht möglich! Bordighera ist auch mein absoluter Lieblingsort!" Und dann zeigt er mir ein gerahmtes Riesenplakat: Monets ‚Blick auf Bordighera', mit dem er sein ganzes Berufsleben lang die Praxis geteilt hat. In dem Moment steht unser Urlaubsziel fest. Nicht mit dem Flugzeug, nein, mit dem alten Mercedes 230 C soll's losgehen, damit man spontan hier und da halten kann. Das C steht in unseren Augen sowohl für Coupé als auch für Casimir. So hatte er nämlich das heißgeliebte Auto getauft. Weiß und schnittig ist es, sportlich-elegant und zuverlässig wie sein Besitzer. Zuverlässig bis auf das Bodenblech ist Casimir! Es gibt da nämlich unter den Rücksitzen so eine leicht durchgerostete Stelle. Bei starkem Regen und Wind aus der falschen Richtung schwappt immer ein wenig Wasser in Richtung Fahrer und Beifahrer und umspült dann fast spielerisch unsere Füße. Die Oberfläche lässt mit ein bisschen Phantasie leicht gekräuselte Wellen erkennen. Als wir in unser Abenteuer starten, regnet es nicht, noch nicht. ‚Romeo' neben mir wirft eine Kassette ein, und wie erwartet erklingt Milvas Stimme. Wie eine Gitarre! „Ich mag dich, weil du klug und zärtlich bist" und „Freiheit in meiner Sprache". Wir trällern mit und kriegen Gänsehaut bis in die Zehenspitzen. Ach, wie bella ist doch la vita!

„Eigentlich", sagt mein Traummann, „könnten wir auf dem Weg nach Bordighera einen Abstecher an die Oberitalienischen Seen machen. Was hältst Du davon?" Er wartet meine Antwort gar nicht erst ab, sondern lässt sich von seiner Vorfreude davontragen. „Wie lange habe ich schon geträumt von einem ganz bestimmten Grand Hotel in Cannobbio. Ausgestreckt am Ufer des Lago Maggiore liegt es inmitten paradiesischer Gärten. Luxus pur für ein oder zwei Nächte, das wär's doch?", schwärmt der sonst so geerdete Westfale neben mir mit fast karibischem Temperament. Der ehemalige Palast aus dem 16. Jahrhundert, 1568 errichtet als Sommerresidenz des Kardinals Tolomeo Gallio, sei 1873 zu einem Luxushotel umgewandelt worden. In diesen „Himmel auf Erden", dieser perfekt gelungenen Mischung aus alter Grandezza und top modernem Hotelkomfort, würde er mich gern entführen. „Kannst du dir solch eine Edelherberge überhaupt leisten?", frage ich zaghaft. „Wenn man jung und verliebt ist, dann reicht doch ...", gebe ich zu bedenken. Er: „Wir sind zwar nicht mehr jung, aber verliebt bis über beide Ohren, und gerade deshalb sage ich: Villa d'Este, wir kommen!" Und dann beschreibt er die Luxusherberge so bildhaft, als sei er dort seit Jahrzehnten Stammgast. Die Zimmer, habe er gehört, seien von erlesenem Geschmack: antikes Mobiliar, opulente Brokatvorhänge, an den Wänden die herrlichsten Ölgemälde. „Kannst du erraten", fährt er fort, „wie viele illustre Gäste dort abgestiegen sind – Adlige, Intellektuelle, Politiker, Künstler und Modeschöpfer? Eine Gräfin hat dort nach einem Walzer ihren Geliebten erschossen, gestandene Mannsbilder haben sich dort duelliert." So geht das stundenlang, während Casimir sich durch Schnee und Eis, Hagel und heftigen Regen kämpft. „Gummistiefel müsste man haben", sagen wir wie aus einem Mund, als erneut kleine Wasserlachen unsere Füße umspielen, und lachen darüber. Milva singt gerade zum x-ten Male „Ich mag dich, weil du so klug und zärtlich bist", als selbst die hoffnungslos überforderten alten Scheibenwischer erbärmlich quietschend mit uns einstimmen.

Eine gefühlte Ewigkeit später drehen wir ab von der Autobahn. „Da, rechts, siehst du das Ortsschild?", rufe ich ganz aufgeregt. Ich habe den Anfangsbuchstaben ‚C' entziffern können. Die anderen Buchstaben verschwimmen total im Nebelschleier. *„Porca miseria"*, entfährt es mir. Praktischerweise hatte ich mir vor unserer Reise in den Süden ein paar Brocken Italienisch beigebracht. *„Non è stata colpa mia"* (es war nicht meine Schuld) gehörte auch dazu. Sehr nützlich im Straßenverkehr!

Die Erleichterung, unser Ziel erreicht zu haben, ist so groß wie unsere rapide einsetzende Müdigkeit. Immer wieder landen wir bei der Hotelsuche am

Ausgangspunkt, nämlich dem Ortsschild. Nirgendwo sehen wir ein Schild mit Hotel Villa d'Este. Irgendwann die Erkenntnis: Wir drehen uns im Kreis. Mein Traummann hatte das Glück, eine Reihe von Jahren in Abendkursen Italienisch erlernt zu haben. Ich weiß, dass er brillant ist, weil die Kellner, wenn sie ihm antworten, sich kein bisschen bemühen, langsamer zu reden. Aber ich schweife vom Thema ab. „Er" entsteigt also seinem Casimir und steuert, den strömenden Regen ignorierend, die gegenüber liegende kleine Bar an. Sie ist randvoll gefüllt mit Einheimischen, die gerade ihren Unmut über das unwirtliche Wetter in Wein und Bier ertränken. In seinem feinsten Italienisch erkundigt er sich, laut und deutlich artikulierend: „Wo bitte ist das Hotel Villa d'Este zu finden und in welcher Richtung?" Schallendes Gelächter hinter und neben ihm. Es schwillt an, ebbt ab, um mit frischer Kraft erneut einzusetzen. Der ältere Herr hinter der Theke schaut ihn an, die klatschnassen Haare, die müden Augen. In seiner Antwort liegt echtes Mitgefühl: „Signore, das Hotel Villa d'Este liegt am Lago di Como. Sie hingegen sind am Lago Maggiore gelandet! Sie haben verständlicherweise die Namen der Orte verwechselt. Cernobbio und Cannobbio klingen in der Tat zum Verwechseln ähnlich. Cannobbio ist aber auch *molto bello*, wenn es nicht gerade regnet!"

2021. „Auf ARTE läuft heute die Serie „Oberitalienische Seen: Blickpunkt Comer See. Jetzt werden wir endlich die Villa d'Este, wenn auch nur auf dem

Bildschirm, erleben“, freut *Er* sich und schaltet den Fernseher ein. Die Spannung steigt, das Herz klopft voller Erwartung.

Und dann, in voller Schönheit, ein gestochen scharfes Bild vom Lago Maggiore. Como war gestern dran, mein Traummann hatte die WhatsApp seines Freundes einen Tag zu spät geöffnet.

15
Dem Geschmack Spaniens auf der Spur
Teil I

Dezember 1988. Spanier lieben Gerichte mit einer Palette flammender Farben, üppiger Aromen und sonnentrunkener Früchte. An der Küste wird vorwiegend mit Knoblauch gewürzt, in den Bergen bevorzugt mit Pimientos dulce y picante – süß und scharf. An gutem Olivenöl, jenem mythischen Balsam, dem Grundpfeiler der Mittelmeerküche, darf es nie fehlen. Jede Jahreszeit ist ideal, um all die Gerichte auszuprobieren, in denen Olivenöl eine essentielle Rolle spielt. Die Küche entlang der Küste der Spanischen Levante und der Berge lässt sich mit Leichtigkeit am heimischen Herd nachvollziehen. Zurück in der Heimat baumeln Knoblauchknollen, runzlige, lange Pimientos und rundliche schwarzrote Niora-Paprika in Zöpfen von der Küchendecke, während ich versuche, am eigenen Herd all die Köstlichkeiten zu zaubern, die wir unterwegs so genossen hatten. Die exakte Menge der Zutaten ist inzwischen nicht mehr als eine vage Erinnerung, war ich doch zu sehr damit beschäftigt, mit den Augen zu stehlen; etwa die baskische Art, Hechtbäckchen mit glattblättriger Petersilie und Knoblauch in Olivenöl zuzubereiten, indem man die Pfanne mit beiden Händen so lange rüttelt und kreisen lässt, bis sich der Saft der Bäckchen mit dem Öl zu einer köstlichen sämigen Sauce vermählt.

In der Erinnerung geht's noch einmal vorbei an Reisfeldern, Salzsumpfgebieten und Orangenhainen, hinein in die lockende Dunkelheit der Aleppo Pinienwälder, hinauf auf terrassierte Hänge, entlang smaragdgrüner, mit Thymian und Salbei verwobener Wiesen, der lichten Bläue von Rosmarin und Lavendel, vorbei an Felsenrose, Wacholder und Steineichenbüschen in ockerfarbener Erde. Beglänzt von milder Dezembersonne präsentiert uns die Landschaft mit jeder Wegbiegung ein immer wieder neues Gesicht.

Der Gaumen ist neugierig auf kulinarische Abenteuer und wird mit der Seele, der Essenz der spanischen Küche belohnt, die sich in kulinarischen Lokalmatadoren offenbart. Überall entlang der Küste und im Hinterland machen wir köstliche Entdeckungen. In Alicante probieren wir hauchdünne Scheiben von getrocknetem, geräuchertem und gepresstem Thunfischkaviar, boquerones – marinierte Sardellenfilets –, Córdova-Schinken mit seinem rosigen ‚Teint', Baby-Artischocken, längs in Scheiben geschnitten, mit Olivenöl gesalbt, mit Meersalz bestreut und anschließend gegrillt. In Dénia etwa, dem Tor zur Costa Blanca, beobachten wir Fischer, die gerade ihr Fangglück an Land bringen: Rotbarben, Seebrassen, Petersfisch, Meeresschnecken, mit dem Merlan verwandte perros y gatos (Hunde und Katzen) sowie rascasio – Drachenkopf –, der den Fischfond für das Reisgericht ‚Arroz a Banda' geschmacklich ungemein bereichert. Bei dieser Spezialität werden Fisch und Krustentiere getrennt vom köstlich gewürzten, kernigen Rundkornreis serviert. Im Restaurant El Pegoli, Dénias kulinarischem Eldorado für Einheimische und Genießer aus aller Welt, sitzen wir Schulter an Schulter mit Calvo Sotelo, einem ehemaligen Regierungschef Spaniens! Die Erinnerung an Riesenplatten, auf denen sich Berge sattroter, glitzernder Rotgarnelen – Gambas Roja de Dénia – und Langusten türmen, hat mein Gaumen bis zum heutigen Tage bewahrt. Denke ich an den alten Hafen, denke ich an den riesigen Tintenfisch, der sich gerade befreit hat und dabei ist, sich mit der geballten Kraft all seiner Arme über den Rand der Kaimauer zu kringeln. Mein Ablenkungsmanöver, das Argusauge des Fischers „anzusaugen", während ich mit dem rechten Fuß versuche, dem Flüchtenden blitzschnell und diskret auf die Sprünge zu helfen, sprich ihn ins Meer zu schubsen, bleibt nicht unbemerkt, woraufhin sich ein furioser Wortschwall, dessen Bedeutung ich, Gott sei Dank, nicht verstehe, über mich ergießt, der aber die Luft, wie man so schön sagt, blau färbt. Der Fischer ist ganz offensichtlich nicht amüsiert! Denke ich an die Episode, steigt mir heute noch das satte Rot einer Gamba Roja ins Gesicht!

Und naht Weihnachten, lebt die Erinnerung an Jijona, die kleine Gebirgsstadt nördlich von Alicante, wieder auf. Dort, wo Häuser sich an steile Hügel klammern, duftet es nach den warmen Aromen gerösteter Mandeln und Honig. Eine ganze Stadt arbeitet Weihnachten entgegen. EL LOBO, einer von Dutzenden von Turrón Herstellern, verwöhnt uns mit der traditionellen Weihnachtsspezialität Turrón in vielen köstlichen Variationen, wie etwa Imperial de Alicante, ein hartes Nougat aus gerösteten Mandeln, Honig, Zucker, Eiklar und Oblaten oder das weiche Turrón de Jijona. Mein persönlicher Favorit ist das Turrón Yema Tostada aus gerösteten Mandeln und einer Glasur aus flambiertem Eigelb – Yema –. Köstlich! Kein Wunder, hat doch die Herstellung von Turrón in Alicante eine lange Tradition: Juden und Araber stellten es bereits im 15. Jahrhundert her. Man sollte einfach alle Sorten probieren. Dann wäre eine Weihnacht ohne Turrón nicht allein für Spanier undenkbar!

16
Der Zauber von Morella – Immer dem Duft nach!
Teil II

Dezember 1988. Erinnerungen an die Reise in die Provinzen Alicante, Castellón und Valencia. Gastgeber war das Institut Turistic Valencia, eingeladen hatte die Spanische Botschaft in London. Unsere kleine Gruppe, darunter Elisabeth Luard, Jeremy Round und Colin Spencer, Crème de la Crème der englischen Food-Journalisten, und ich als Newcomer entdeckten Gourmettempel, rustikale Restaurants und winzige Tascas, schauten Spitzenköchen über die Schulter, um aus erster Hand eine Gastronomie zu erleben, die so viel mehr zu bieten hat als Tapas und Paella. Und waren ganz nebenbei als Kulturfeinschmecker unterwegs.

Morella, Hauptort der Region Els Ports, ist eine mittelalterliche Stadt im Norden der Provinz Castellón, steinern umarmt von Mauern aus dem 14. Jahrhundert. Gekrönt von einem auf einem mächtigen Felsblock errichteten Kastell, schaut sie herab auf die schroffe, wildromantische Berglandschaft des Alto Maestrazgo. Das Kastell ist stummer Zeuge einer turbulenten, wechselhaften Vergangenheit als Wachturm für die Iberer, römische Festung, arabischer Palast und Zitadelle. Zu gern hätten wir den Rausch von Farben erlebt, wenn Morellas herbe Schönheit und Folklore während des Sexenni Festivals (den Fiestas Sexenales) aufflammt und ihre ganze Pracht entfaltet. Alle sechs Jahre findet diese Feier am dritten Sonntag im August zum Gedenken an das Ende der Pest und die Heilung der Kranken im Jahre 1672 statt.

Willig erliegen wir dem Charme der schmalen, verwinkelten Gassen, flanieren vorbei an imposanten alten Herrenhäusern, halten kurz inne auf einer besonnten Plaza. Es fällt leicht, sich in diesen magischen Ort zu verlieben, dort glücklich zu sein, sich nicht vorstellen zu können, ihn jemals zu verlassen. Gut, dass wir nur Station machen! Zu groß ist die Versuchung, Wurzeln zu schlagen.

Die alten Mauern bergen reiche Schätze an Geschichte, Architektur und Kunst, wie etwa die Erzpriesterliche Kirche Santa María la Mayor, deren Bau 1265 begann und erst 1343 vollendet wurde, und welche der Marqués de Lozoya zu Recht die schönste gotische Kirche im gesamten früheren Königreich

Valencia nannte. Santa María la Mayor rühmt sich zweier großartiger gotischer Portale, atemberaubend schöner Fensterrosen und einer prachtvollen Turull-Orgel aus polychrom gefasstem und vergoldetem Holz. Leider funktionieren gerade nicht alle der 4000 Orgelpfeifen, doch werden sie in naher Zukunft repariert, versichert man uns. Im Monat August ist die Basilika mit ihrem barocken Hochaltar Hintergrund fulminanter Orgelkonzerte. Zur Linken des Hochaltars führen Treppen ins Museo Arciprestal, das Erzpriesterliche Museum, dessen Archiv eine Reihe von Gemälden aus dem 17. Jahrhundert, darunter ein Ribalta, sowie zwei opulente Altarroben beherbergt, die 1414 vom spanischen Gegenpapst Papa Luna (Benedict XIII) und San Vicente Ferrer getragen wurden, als Morella Schauplatz des Treffens zwischen Papa Luna und König Ferdinand war.

Glücklicherweise hat eine ganze Reihe alter Herrenhäuser überlebt: das Casa Rovira etwa, in dem San Vicente Ferrer eines seiner Wunder gewirkt haben soll, Casa Ciurana und Casa Piquer sowie Häuser, die dem Marqués de Cruilles und dem Cardenal Ram gehörten. Der Palast von Cardenal Ram mit seinen prachtvollen Wappen, Türen und grandiosem Treppenhaus wurde sensibel restauriert. Heute ist er ein komfortables Hotel. Die Eingangshalle schmückt ein großformatiges, von dem Künstler Ramón Catalán geschaffenes Wandgemälde: Szenen des Empfangs, den Morella 1414 dem Gegenpapst bereitete. Das Restaurant dieser noblen Herberge verheißt robuste lokale Genüsse wie etwa die Wildsuppe Sopa Morellana oder das einfache Omelette, das, verfeinert mit den „schwarzen Diamanten“ der Küche, den „trufas negras“, zum kulinarischen Rolls Royce mutiert. Das an Dickmilch erinnernde Dessert Cuaguada, mit Zucker gesüßte und einem Hauch Muskat parfümierte Schafsmilch, versichert man uns, schmecke überraschend apart. Als Milchgerinnungsmittel diene cuajo, ein aus dem Heu der Artischocke gewonnenes Lab, das auch bei der Zubereitung von Schafskäse zum Einsatz kommt.

Endlich ist es Mittag! Das Restaurant Casa Roque erweist sich nicht nur als idealer Ort zum Ausruhen müder Füße. Auch hier hat man eine Vorliebe für herzhafte lokale und regionale Spezialitäten, bleibt sich der alten Wurzeln bewusst. Hier konserviert man Trüffel in Brandy, der ihre Herzen rosa färbt. Mit dieser hinreißend duftenden Essenz werden Saucen veredelt. Die mazerierten Trüffel hingegen, dünn gehobelt oder gewürfelt, aromatisieren Lamm-, Wildkaninchen- und Geflügelpasteten. Mutige kosten erstmals – in meinem Fall zum letzten Mal – Stierschinken, granatrot und leicht streng im Geschmack. Die delikaten, in Olivenöl geschmorten Wachteln in Escabeche hingegen munden vorzüglich und ernten allgemein Beifall.

Pünktlich zur Trüffelsaison, die in der ersten Dezemberwoche beginnt, waren wir in Morella eingetroffen. Ich schneide eine Trüffel an. Sie offenbart ein mit weißen Flecken marmoriertes Herz. Ein sicheres Zeichen dafür, dass das Wetter zu mild war. Egal, der ihr entströmende Duft ist herrlich berauschend und enigmatisch. Am nächsten Morgen duftet die Luft nach Eichenholzfeuer und frisch gebackenem Brot, macht Lust auf kulinarische Abenteuer, sind doch Essen und Trinken ein ebenso wichtiger Teil von Kultur wie Kunst, Musik oder Architektur.

Später werden uns in einer winzigen Bar grüne Oliven serviert, gefischt aus einem würzigen Bad von Sardellen-Lake. Köstlich! Der Zufall will es, dass Elisabeth Luard dort auf einen Trüffelhändler trifft, der ihr dank ihrer Charme-Offensive und der unterschiedlichen Größe seiner Ware eine prall gefüllte Tüte zu einem überaus günstigen Preis überlässt. Vielleicht ist er auch fasziniert, geradezu hypnotisiert davon, wie sie auch hier mit rascher Hand und tanzendem Pinsel im Nu luftig-leichte transparente Aquarelle in ihr gerade mal handflächengroßes Sketchbuch zaubert; in diesem Fall stehen Oliven und Trüffel Modell. Gesittet greifen wir, einer nach dem anderen und ohne in die Tüte zu schielen, nach dem Objekt unserer Begierde. Die delikaten „schwarzen Diamanten“, die sich 30 Zentimeter tief unter den Wurzeln von Steineichen verstecken, gedeihen überall in den Bergen und Hügeln rund um Morella. Lange Zeit, erzählt man uns, war man sich dieses Reichtums nicht bewusst. Das heißt, bis eines schönen Tages, vor ungefähr 15 Jahren, eine Gruppe Katalanen in einem Kleinbus auftauchte, Fahrräder und Hunde auslud. Sie stellten sich als Jäger vor, und da sie Gewehre mit sich führten, sahen die Einheimischen keinen Anlass für Misstrauen. Ein Fall von „same procedure as every year“! Irgendwann fiel jedoch auf, dass die Fremden jedes, aber auch jedes Mal ohne Beute aus den Wäldern zurückkehrten, wonach ihren Unterkünften ein geradezu betörender Duft entströmte. So kam ihr dunkles Geheimnis doch noch ans Licht. Ob mit verbalem Geschick oder vielleicht doch unterstrichen mit Fäusten wurden die Wilderer überredet, sich von ihren tierischen Spürnasen zu trennen, ihnen diese zu einem Preis zu überlassen, der bis heute ein Geheimnis ist. Seither sind die Morellanos die ‚Jäger‘ und die Katalanen die Abnehmer.

17

Vor der Reise in ein anderes Leben

Bruder Gerhard O.S.B.

In seinem ersten Leben wohnte er Schulter an Schulter mit einem Tierheim. Und da Katzen in der freien Natur keine geduldigen Modelle abgeben, besuchte er sie in ihrem Habitat. Zuweilen geschah es auch, dass sie ihn besuchten, hoch oben über den Dächern von Bottrop, wobei es sich ausnahmslos um Stippvisiten handelte. Hinterher fragte er sich immer, wie er es geschafft hatte, diesen temperamentvollen Miezen einen reizvollen Augenblick abzulauschen. Vor dem Porträtieren stand immer das Fotografieren. Nahezu lautlos pirschte er sich an seine samtpfotigen Akrobaten-Nachbarn heran. Klick machten seine Augen, klick machte erst dann seine Kamera. Und hatten seine Augen sich sattgetrunken, lächelte er so zufrieden wie die Cheshire Cat in Alice im Wunderland. Anschließend zelebrierte er wahre Feste der Bewegung, wenn er die Fotos mit rasantem Buntstiftstrich in einfühlsame Porträts „übersetzte" und das schillernde Farbspiel der ganz unterschiedlichen Felle sichtbar, beinahe fühlbar machte.

Natürlich hatte er auch eine eigene Katze, eine Schildpattkatze mit grünen Augen und dreifarbigen Fellpartien. Ob es stimmt, dass Schildpattkatzen Glücksbringer sind? Auch diese war zuvor eine Bewohnerin des Tierheims gewesen. Im Gegensatz zu den anderen blieb sie aber nach einem ihrer Besuche. Sie hatte ihn adoptiert. Zuhause war damals ein riesiger ausgebauter Dachboden im Vierfamilienhaus der Eltern. Mausi, so hatte er sie getauft, liebte diese Wohnung, weil es dort unzählige Möglichkeiten gab, sich vor ihm zu verstecken. Sie war seine größte Freude, und vermutlich war es ihre größte Freude, dass er sie dauernd suchen musste. Saß er mit seinen Eltern bei Kaffee und Kuchen im Garten, pflegte sie völlig überraschend hinter einem Busch oder Baum aufzutauchen, um ihm ihr Lieblings-Take-Away als Geschenk zu Füßen zu legen. Warum wohl hatte er sie Mausi getauft? Eins ihrer Lieblingsverstecke war unter dem Bett, doch legte er sich schlafen, rollte sie sich dekorativ zusammen – a u f seinem Bett. Und sah selbst mit geschlossenen Augen ganz versonnen aus. Ob Katzen träumen, fragte er sich dann, und wenn ja, wovon oder von wem?

Er wusste um ihre Vorliebe, an Brust und Bauch gekrault zu werden – der ultimative Vertrauensbeweis einer Katze –, kannte ihre Abneigung, auf den Arm genommen zu werden, spürte ihre stumme *Hoffnung*, nicht ihrer Würde beraubt zu werden. Aus diesem Grund ‚zähmte' er sie und ihre ehemaligen Mitstreiter und Mitstreiterinnen aus dem Heim nur mit einem Stift, porträtierte sie mit normalen, weich zeichnenden Buntstiften. Hinreißend schön, selbstbewusst und total gelassen blicken sie uns entgegen. Sein Porträt von Mausi mit ihrem schwarzen Halsband hält den Augenblick fest, in dem sie ihm ganz Ohr ist. Dann nämlich spitzt sie ihre kleinen fast durchsichtigen Ohren in geballter Konzentration. Das beredte Vibrieren ihrer Schnurrhaare, der angespannte Schwanz, ihr hoheitsvolles Schreiten, all dies hörte nie auf, ihn zu faszinieren. Mal thronte sie wie eine Sphinx, mal lag sie wie hingegossen auf dem Teppich, die Augen genüsslich geschlossen. Ihr Aussehen war so makellos wie ihre Manieren, der Blick ihrer grünen Augen frappierend menschlich im Ausdruck.

So fern ihm ihr enigmatisches Wesen, so nah war ihm ihr seidiges buntes Fell, ihr Schnurren, Miauen und Maunzen. Pumas kleine Schwester, dachte er, ist halt so widersprüchlich wie das Denken und Leben von uns Menschen. Katzen scheinen grausam und zärtlich zu sein, anhänglich und treulos, unzähmbar, voller Charakter oder gänzlich ohne. Nie wurde er müde, Mäuschen zu spielen, wenn sie herumtollte. Er liebte sie, weil sie so geheimnisvoll und eigenständig war, weil ihre Bewegungen gleichwohl hochmütig, voller Anmut wie auch urkomisch, ja geradezu albern sein konnten. Mausi duldete keine fremden Götter neben sich. Sie regierte seine Welt! Und brachte es immer wieder fertig, auch die mausgraueste Minute ihres Herrn zu vergraulen.

Fernab von den Geräuschen des Alltags widmete er sich stundenlang seinen Ikonen. Und da Ikonenmalerei für ihn Gebet ist, war absolute Stille höchstes Gebot. Diese Stille durfte allein Mausi mit ihm teilen. Ob er russische oder griechische Ikonen kopierte oder Katzenporträts zeichnete, sie verharrte unverdrossen an seiner Seite, bewegungs- und lautlos.

Manchmal fragte er sie im Scherz, ob sie wohl wie er die Eleganz des kretischen Ikonenstils bevorzuge. Dann blickte er in ihre Sphinx-Augen. Sie blieben ihm ihre Antwort schuldig.

Sechs oder sieben Jahre hatte er sein Heim, sein Leben mit Mausi geteilt, friedlich mit ihr Seite an Seite gelebt. Noch heute ziehen diese Bilder als Wanderer durch sein Herz. Die Katzenporträts von damals verschickt er als Grußkarten an besondere Menschen. Und noch immer sehen seine Katzen so aus, als wüssten sie etwas, das wir nicht wissen.

„Alle Kunst ist zugleich Schleier und Tiefe. Wer den Schleier aufhebt, tut es auf eigene Gefahr“, sagte einst Oscar Wilde, ganz so, als hätte er Bruder Gerhards Katzen-Galerie besucht. Und wer den Schleier seiner Porträts lüftet, dem tun sich die hellen wie die dunklen Facetten der Katze auf, nicht zu vergessen die ihrer aristokratischen Vorfahren. Man muss sich schon die Mühe machen und diese mit der Seele des Katzenkundigen ertasten.

Fragt man ihn, ob er inzwischen dem Geheimnis namens Katze näher gekommen sei, dann tut er sich schwer. Wie soll man ein Geheimnis beschreiben? Will er dieses Rätsel überhaupt lösen? Als Antwort blitzt sein herzerfrischendes Cheshire Cat-Lächeln auf.

1989. Zeit, Abschied zu nehmen vom alten Leben, erinnert er sich. Im Kloster Gerleve würde es keinen Platz für Mausi geben. Also suchte er, suchte sein Tierarzt nach liebevollen Adoptiveltern. Nichts ließen sie unversucht. Die Katze litt so sehr, dass es ihm fast das Herz brach. Sie magerte ab, wurde mit jedem neuen Tag apathischer, riss immer wieder aus, lief zu ihm zurück, egal wie weit der Weg war. Es ließ sich nicht leugnen, seine Katze konnte ohne ihn nicht leben. Der Tierarzt stellte ihn vor die Wahl, die

Reise in das andere Leben aufzugeben oder aufzuschieben oder …? Der Abschied von Mausi war der schmerzlichste überhaupt: die Erinnerung daran bis heute eine offene Wunde.

18
Weihnachtsengel auf Durchreise

Meine Freundin Ingrid hat ein fröhliches Herz, mit dem sie ihren Glauben lebt. Als Presbyterin steht sie gern in der Weihnachtszeit auf der Kanzel und sucht das Gespräch mit den Gläubigen während des Gottesdienstes, also von ganz oben, aber keineswegs von oben herab. Ihre Mimik ist so lebhaft wie ihre Gestik. Sie hat dunkles Haar, ist zierlich und muss sich immer ein wenig recken, um gut sichtbar zu sein für die Gläubigen auf den hinteren Sitzbänken.

Hier sei jedoch die Rede von einem ganz besonderen vorweihnachtlichen Gottesdienst.

Und das kam so: Der Pastor hatte wenige Tage zuvor bei ihr geklingelt. Ingrid hatte ihm geöffnet und tellergroße Augen gemacht. In den Händen trug er nämlich das größte Paar Engelsflügel, das man sich vorstellen kann. Wie viele Hühner hatten dafür wohl ihre Federn lassen müssen? In Ingrids Augen tanzten gerade Dutzende von Fragenzeichen einen wilden Reigen. „Wie wäre es", fragte er, „wenn wir uns in diesem Jahr zur Abwechslung zu einem Dialog treffen? Sie als Weihnachtsengel auf der Durchreise und ich als Pastor?" Die von ihm gefertigten Flügel ließ er gleich da, so zum Anprobieren und als Hilfe, in die Rolle hineinzuwachsen. Die schlohweißen, seidig schimmernden Flügel hatten eine enorme Spannweite. Es war gar nicht so einfach, sie mit Hilfe von Schultergurten anzuschnallen. Ingrid stellte sich vor den Spiegel und begutachtete sich wohlgefällig, zupfte mal hier, mal da. Wenn sie beim Sprechen Schultern und Ellenbogen diskret hin und her rollt, bemerkte sie, setzen sich ihre Bewegungen in den Flügeln fort und ließen diese zart rascheln. Genial!

Sie war zwar nicht der Prototyp eines Engels – also keineswegs ein ätherisches Wesen oder sylphische Kreatur mit langen blonden Locken –, aber ihr war ein ganz ungewöhnliches Strahlen von innen heraus eigen, das auf ihre Mitmenschen abfärbte und diese froh machte. So überrascht es nicht, dass der Dialog zwischen Pastor und Weihnachtsengel auf Durchreise ein Riesenerfolg wurde, mit geradezu segnender Wirkung auf die Gemeinde, die diesen Weihnachtsgottesdienst mit hoher Wahrscheinlichkeit nie vergessen wird. Was die zwei ungleichen Protagonisten angeht, sie fühlten sich anschließend wundersam beflügelt. Ihr Gang, ihre Art zu kommunizieren, all das hatte fortan einen Hauch von Feierlichkeit, den beide mit in den Alltag nahmen, wenn auch unbewusst. Und Ingrid, so schien es, war gefühlte zwei Zentimeter gewachsen.

Auch Engel müssen ab und zu zum Coiffeur, besonders in der Weihnachtszeit!

Ingrid hat gerade Platz genommen und lächelt der Friseurin ihres Vertrauens freundlich im Spiegel zu. Statt ihr Lächeln zu erwidern, saugen sich deren Augen an Ingrids Rücken fest. Mit perfekt manikürten, blutrot lackierten Fingernägeln pflückt sie mal hier, mal da allerhand Fluffiges von Ingrids Pullover. „Was ist das denn“, fragt sie ihre langjährige Kundin und hebt die Brauen erstaunlich hoch. „Ach das,“, antwortet Ingrid gut gelaunt, „das sind nur die Federn von meinen Flügeln.“

Die Friseurin zieht ihre kühn geschwungenen Brauen noch ein wenig höher, rollt mit den Augen und blickt spöttisch zur Decke, so als verstehe sie die Welt nicht mehr.

Als Ingrid von dem nächsten und allen folgenden Friseurbesuchen nach Hause kommt, erzählt sie ihrem Klaus mit anhaltender Verwunderung, dass sie das unbestimmte Gefühl habe, sie würde dort plötzlich mit noch ausgesuchterer Freundlichkeit, ja geradezu beunruhigender Hochachtung bedient. Sie könne sich absolut keinen Vers darauf machen.

Dank an die Künstler und Fotografen

Ein herzlicher Dank an die Künstler Martin R. Baeyens, Valerie Cadoret, Elly de Koster (†) und Elisabeth Luard; ebenso an die Fotografen Rolf Behlert, Michael Döring (†) und Anja Marouche. Ein besonderes Dankeschön gebührt Michael Döring, der eigens für die Geschichte ‚Ein Römer in Haltern am See?' mit seiner Fotomontage eine traumhafte Szene zauberte.

Für ihre großzügige Hilfe danke ich von ganzem Herzen insbesondere Lady Walton (†), Fondazione William Walton, Carlo Bagnasco, Präsident der Fondazione Pompeo Mariani, und unserem Freund Gian Carlo Torre, der uns die Augen öffnete für die Schönheit seiner Heimat Ligurien.

Abbildungen

Cover: La Mortella, Elly de Koster, Niederlande
Sant'Ampelio, Martin R. Baeyens, Belgien
Der Inselgast, S. 8, Foto: Anja Marouche; S. 9, 13 u. 15, Fotos: Rolf Behlert
Begegnung auf der Leipziger Buchmesse, S. 19 u. 22, Fotos: privat
Breslauer Notizen, S. 23, 27 u. 30, Fotos: privat
Begegnung in London, S. 33, Foto: mit freundlicher Genehmigung von Hatchards, London; S. 34, Foto: mit freundlicher Genehmigung der Buchhandlung Kortenkamp, Haltern am See

Das Wunder von Marl, S. 39, Foto: privat
Kleiner Römer, S. 41, Foto: privat
Ein Römer in Haltern am See?, S. 46, Varus, u. S. 48, Römermuseum, Fotos: Michael Döring
Die Wandergeige, S. 55, Der ‚Frosch', Foto: privat
Ein Atelierbesuch, S. 57 und 58, Fotos und S. 62, Postkarte: Pompeo Marianis L'Innamorata del mare (La sposa del mare, 1897), mit freundlicher Genehmigung von Carlo Bagnasco, Fondazione Pompeo Mariani
Ein Tag in Genua, S. 67, Postkarte: Teatrino, Lele Luzzati, mit freundlicher Genehmigung von Lady Walton
La Favorita, S. 69, Blick auf Apricale, u. S. 70, Fotos: privat
La Mortella, S. 73, Foto: privat; S. 74, Postkarte: Porträt William Walton, Künstler: Michael Ayrton, 1948; S. 75, Postkarte und S. 77: Exlibris für William Walton von Gino Severini, mit freundlicher Genehmigung von Lady Walton, Fondazione William Walton
Dem Geschmack Spaniens auf der Spur – Teil I, S. 89, Aquarellzeichnung: Valerie Cadoret (Großbritannien)
Der Zauber von Morella, S. 93, Foto: privat; S. 97, Aquarellzeichnung: Elisabeth Luard, Großbritannien
Vor der Reise in ein anderes Leben, S. 102, Buntstiftzeichnungen, Künstler: Bruder Gerhard O.S.B., S. 103, Bruder Gerhard O.S.B., Foto: privat, S. 104, Buntstiftzeichnung, Künstler: Bruder Gerhard O.S.B.
Weihnachtsengel auf Durchreise, S. 107, Foto: privat

Eva Masthoff

Die Autorin wurde in Kiel geboren, wuchs in Essen-Stadtwald auf und absolvierte eine Ausbildung zur Fremdsprachenkorrespondentin. Nach Stationen in London, Hamburg und Rayleigh lebt die „Beute-Westfälin" seit 1992 als freie Autorin mit ihrem Mann in Haltern am See. Gemeinsame Interessen: Literatur, Kunst und natürlich die KulturStiftung Masthoff.

Seit 1981 veröffentlicht sie in englischer und deutscher Sprache Buchbeiträge und Artikel für Fachzeitschriften in Großbritannien und Deutschland. Sie schreibt für Vestischer Kalender, Jahrbuch Westfalen, Schönes Westfalen Jahrbuch, Graphische Kunst (Edition Curt Visel) und war langjährige freie Mitarbeiterin der Ruhr Nachrichten und WAZ Haltern.

Seit 2011 schreibt sie Kurzgeschichten, die in verschiedenen Anthologien beim Satyr Verlag, Wendepunkt, Edition Wendepunkt, OCM Verlag und chiliverlag erschienen sind.

Einzelveröffentlichungen u.a.: The Taste of Essex (East Anglia Tourist Board), Die Suche nach Eugen König – Fragmente, Ein Exlibris zieht Kreise in deutscher und englischer Sprache, Jahrgangsperlen und Vom Geschmack der Erinnerung. Themen: Menschen, Kunst, Künstler weltweit und Kulinarik.

Eva Masthoff ist Mitglied im VS NRW.

Inhalt